Psychische Gesundheit und Wohlbefinden

Franklin Fisher

Veröffentlicht von Amazon KDP

Amazon.com, Inc.

Postfach Box 81226

Seattle, WA 98108-1226

Vereinigte Staaten.

Gedruckt von Amazon KDP in den USA

Inhaltsverzeichnis

Kapitel 1

Einführung in die psychische Gesundheit

Überblick über psychische Gesundheit

Unser gesamtes Wohlbefinden, das unseren emotionalen, psychologischen und sozialen Zustand umfasst, hängt weitgehend von unserer geistigen Gesundheit ab. Dazu gehört sowohl das Fehlen einer Geisteskrankheit als auch das Vorhandensein positiver Eigenschaften wie emotionale Kontrolle, Belastbarkeit und Selbstwertgefühl. Es ist wichtig, die Bedeutung der psychischen Gesundheit anzuerkennen, um ein glückliches und fruchtbares Leben zu führen, genauso wie wir der körperlichen Gesundheit Priorität einräumen.

Die Bedeutung der psychischen Gesundheit

Jeder Aspekt unseres Lebens wird von

unserer psychischen Gesundheit beeinflusst, einschließlich unserer Gedanken, Gefühle, sozialen Interaktionen und Stressbewältigung. Wenn wir der psychischen Gesundheit Priorität einräumen, verbessern wir unsere Fähigkeit, mit den Hindernissen des Lebens umzugehen, tiefe Verbindungen aufzubauen und unseren Leidenschaften zu folgen.

Untersuchung psychischer Erkrankungen

Psychische Erkrankungen sind medizinische Probleme, die zu Störungen der Gedanken, Gefühle, des Verhaltens, der Stimmung oder der Fähigkeit einer Person führen, alltägliche Aktivitäten zu bewältigen. Dazu können weniger schwerwiegende Beschwerden wie Angst und Traurigkeit gehören, aber auch schwerwiegendere wie bipolare Erkrankungen und Schizophrenie. Es ist wichtig zu erkennen, dass es sich bei psychischen Erkrankungen um komplizierte Störungen handelt, die durch das Zusammenspiel biologischer, psychologischer, umweltbedingter und genetischer Faktoren entstehen, und nicht um Persönlichkeitsfehler oder persönliches Versagen.

Häufig verbreitete Mythen zur psychischen Gesundheit

Bedauerlicherweise gibt es viele falsche Vorstellungen über die psychische Gesundheit, die die Stigmatisierung verstärken und Menschen davon abhalten können, die Pflege zu erhalten, die sie benötigen. Zu den weit verbreiteten Missverständnissen gehören:

1.	Psychische Erkrankungen kommen nicht häufig vor: Tatsächlich leiden weltweit Millionen Menschen an psychischen Erkrankungen, die äußerst häufig vorkommen. Laut der Weltgesundheitsorganisation wird jeder vierte Mensch irgendwann in seinem Leben ein psychisches Problem haben.

2.	Das Missverständnis, dass psychische Störungen ein Zeichen von Schwäche seien, stellt die Tatsache in Frage, dass psychische Erkrankungen medizinische Zustände sind, die wie jede andere Krankheit behandelt werden müssen. Die Suche nach Hilfe bei psychischen Problemen ist kein Zeichen von Schwäche, sondern von Stärke.

3.	Menschen, die an einer psychischen Erkrankung leiden, sind gefährlich oder gewalttätig: Die meisten Menschen, die an einer psychischen Erkrankung leiden, sind nicht gewalttätig. Es ist viel wahrscheinlicher, dass sie Opfer von Gewalt werden als die Täter. Psychische Erkrankungen charakterisieren oder diktieren nicht die Handlungen einer Person.

4.	Da kann man „ausrasten": Menschen mit psychischen Erkrankungen können sich nicht besser „wollen"; Sie sind keine Entscheidungen. Normalerweise umfasst die Genesung medizinische Versorgung, Unterstützung durch die Familie und Techniken zur Selbstfürsorge.

Nützliche Ratschläge zur Förderung der psychischen Gesundheit

1.	Machen Sie Selbstfürsorge zu einer Priorität: Planen Sie Zeit für Dinge wie Bewegung, Meditation, Hobbys und schöne Zeit mit Ihren Lieben ein, die Ihrem Geist, Körper und Ihrer Seele zugute kommt.

2.   Nehmen   Sie   an Achtsamkeitsübungen teil: Entwickeln Sie ein urteilsfreies Bewusstsein für Ihre Gedanken, Gefühle und Empfindungen im gegenwärtigen Moment. Durch Achtsamkeit kann der Stresspegel gesenkt und das allgemeine Wohlbefinden gesteigert werden.

3.   Suchen Sie Hilfe: Wenn Sie Probleme haben, scheuen Sie sich nicht, sich an Freunde, Familie oder Spezialisten für psychische Gesundheit zu wenden. Sie müssen Schwierigkeiten nicht alleine bewältigen.

4.   Informieren Sie sich: Erhalten Sie mehr Wissen über die psychische Gesundheit, einschließlich häufiger Probleme, verfügbarer Behandlungen und Bewältigungsmechanismen. Wenn Sie gut informiert sind, können Sie für andere und sich selbst eintreten.

Quellen für zusätzliche Forschung

·   National Alliance on Mental Illness (NAMI):   Bietet   Interessenvertretung, Informationen   und   Unterstützung   für diejenigen, die von psychischen Erkrankungen betroffen sind.

· MentalHealth.gov: Bietet Informationen und Instrumente zur Unterstützung der psychischen Gesundheit und zur Erleichterung des Zugangs zu Behandlungen.

· Apps für die Therapie: Schauen Sie sich Smartphone-Apps wie Calm, BetterHelp und Talkspace an, um einfachen Zugriff auf Ressourcen für psychische Gesundheit und Behandlung zu erhalten.

· Lokale Selbsthilfegruppen: Suchen Sie nach Internetforen oder Community-basierten Selbsthilfegruppen, in denen Sie mit Menschen in Kontakt treten können, die vergleichbare Probleme haben.

Wir können ein Klima der Akzeptanz, Unterstützung und Belastbarkeit fördern, indem wir andere über psychische Gesundheit aufklären, mit Mythen aufräumen und betonen, wie wichtig es ist, auf uns selbst zu achten.

Kapitel 2

Die Geist-Körper-Verbindung

Untersuchung des komplexen Zusammenhangs zwischen körperlicher und emotionaler Gesundheit

Die Beziehung zwischen unserer geistigen und körperlichen Gesundheit, bei der betont wird, wie sich das eine auf das andere auswirken kann, wird als „Geist-Körper-Verbindung" bezeichnet. Die Aufrechterhaltung des allgemeinen Wohlbefindens und die erfolgreiche Bewältigung von Problemen im Zusammenhang mit der geistigen und körperlichen Gesundheit hängen vom Verständnis dieses Zusammenhangs ab.

Die Beziehung zwischen körperlichem und geistigem Wohlbefinden

Empirische Studien haben den engen Zusammenhang zwischen geistigem und körperlichem Wohlbefinden gezeigt. Langfristiger Stress kann beispielsweise die

Immunität beeinträchtigen und die Anfälligkeit für Krankheiten erhöhen. Andererseits können körperliche Beschwerden wie anhaltende Schmerzen erhebliche Auswirkungen auf die psychische Gesundheit haben und Symptome von Sorge und Verzweiflung hervorrufen. Um ein ganzheitliches Wohlbefinden zu erreichen, ist es erforderlich, die Wechselwirkungen zwischen geistiger und körperlicher Gesundheit zu verstehen und entsprechende Maßnahmen zu ergreifen.

Die Auswirkungen von Lebensstilentscheidungen auf die psychische Gesundheit

1. **Übung:** Untersuchungen haben gezeigt, dass regelmäßige körperliche Aktivität eine Reihe positiver Auswirkungen auf die psychische Gesundheit hat, darunter die Verringerung von Angstzuständen und depressiven Symptomen, die Verbesserung der Stimmung und die Steigerung des allgemeinen Wohlbefindens. Versuchen Sie an den meisten Tagen der Woche, sich mindestens 30 Minuten lang mäßig zu bewegen, einschließlich zügigem Gehen, Radfahren oder Schwimmen.

2.   **Ernährung:** Für das körperliche und geistige Wohlbefinden ist eine ausgewogene Ernährung mit Obst, Gemüse, Vollkornprodukten, magerem Fleisch und gesunden Fetten notwendig. Es gibt Hinweise darauf, dass einige Nährstoffe wie Folsäure und Omega-3-Fettsäuren mit einer verbesserten Stimmung und kognitiven Leistungsfähigkeit in Verbindung stehen. Verarbeitete Mahlzeiten, zuckerhaltige Snacks und Koffein im Übermaß sollten vermieden werden, da sie sich negativ auf die Stimmung und das Energieniveau auswirken können.

3.   **Schlafen:** Da es dem Gehirn ermöglicht, sich zu regenerieren und zu heilen, ist ausreichend Schlaf für die geistige Gesundheit von entscheidender Bedeutung. Richten Sie einen regelmäßigen Schlafrhythmus ein und versuchen Sie, jede Nacht zwischen sieben und neun Stunden Schlaf zu bekommen. Richten Sie eine ruhige Nachtroutine ein, vermeiden Sie die Verwendung elektronischer Geräte kurz vor dem Schlafengehen und schaffen Sie einen gemütlichen Schlafraum, um eine hervorragende Schlafhygiene zu gewährleisten.

4. **Stressbewältigung:** Anhaltender Stress kann negative Auswirkungen auf das körperliche und emotionale Wohlbefinden haben. Machen Sie Übungen zur Stressreduzierung wie Yoga, progressive Muskelentspannung, tiefes Atmen oder Achtsamkeitsmeditation. Nehmen Sie an unterhaltsamen und entspannenden Aktivitäten teil, zum Beispiel an einem Spaziergang in der Natur, hören Sie Musik oder gehen Sie einem Hobby nach.

5. **Soziale Bindungen:** Starke soziale Bindungen sind für die psychische Gesundheit von entscheidender Bedeutung. Versuchen Sie, Ihre Beziehungen zu Freunden, Familie und Nachbarn aufrechtzuerhalten und zu pflegen. Beteiligen Sie sich an ehrenamtlichen Tätigkeiten, nehmen Sie an gesellschaftlichen Zusammenkünften teil oder treten Sie Clubs bei, die das Gemeinschafts- und Zugehörigkeitsgefühl fördern.

Nützliche Ratschläge zur Verbesserung der Geist-Körper-Bindung

- **Machen Sie Achtsamkeitsübungen:** Üben Sie Körperscans oder Achtsamkeitsmeditation, um das Bewusstsein für Ihren Körper und Geist zu entwickeln.
 Achten Sie auf Ihren Körper: Achten Sie auf Ihre körperlichen Erfahrungen und die Zusammenhänge, die diese mit Ihren Gefühlen oder Vorstellungen haben könnten.

- **Ganzheitliche Methoden anwenden:** Um Gleichgewicht und Entspannung zu fördern, sollten Sie ergänzende und alternative Therapien wie Massagetherapie, Akupunktur und Aromatherapie untersuchen.

- **Suchen Sie nach fachkundiger Unterstützung:** Scheuen Sie sich nicht, Hilfe und Unterstützung von einem Gesundheitsdienstleister oder einem Experten für psychische Gesundheit in Anspruch zu nehmen, wenn Sie Probleme mit Ihrer körperlichen oder geistigen Gesundheit haben.

Quellen für zusätzliche Forschung

- Centers for Disease Control and Prevention (CDC): Bietet Ressourcen und Informationen darüber, wie wichtig Bewegung für die psychische Gesundheit ist.

·   Forschungsbasierte Informationen über den Zusammenhang zwischen geistiger und körperlicher Gesundheit werden vom National Institute of Mental Health (NIMH) bereitgestellt.

·   Bob Stahl & Elisha Goldsteins Arbeitsbuch zur achtsamkeitsbasierten Stressreduzierung: ein nützliches Handbuch zur Anwendung von Achtsamkeitspraktiken, um Stress zu reduzieren und das allgemeine Wohlbefinden zu verbessern.

·   Lokale Wellnesszentren oder Fitnesskurse: Suchen Sie nach Möglichkeiten, Stress abzubauen und sich in Ihrer Nachbarschaft körperlich zu betätigen.

Durch ein Bewusstsein für die komplexen Zusammenhänge zwischen geistiger und körperlicher Gesundheit und bewussten Lebensstilentscheidungen können wir ein stärkeres Gefühl der Belastbarkeit und des Wohlbefindens in unserem täglichen Leben fördern.

Kapitel 3

Strategien zur Stressreduktion

Obwohl Stress ein wesentlicher Aspekt des Lebens ist, kann die Art und Weise, wie wir damit umgehen, erhebliche Auswirkungen auf unsere körperliche und geistige Gesundheit haben. In diesem Kapitel werden wir nützliche Methoden zum Erkennen und Bewältigen von Stress untersuchen, beispielsweise Achtsamkeits-, Meditations- und Entspannungsübungen.

Stress erkennen

Stress ist die normale Reaktion des Körpers auf wahrgenommene Gefahren oder Schwierigkeiten. Gelegentlicher Stress kann zwar gut für uns sein, hält uns aber motiviert und konzentriert, aber anhaltender oder schwerer Stress kann sich negativ auf unsere Gesundheit und unser Wohlbefinden auswirken. Finanzielle Sorgen, zwischenmenschliche Probleme, Druck am Arbeitsplatz oder in der Schule sowie bedeutende Veränderungen im Leben sind häufige Stressfaktoren.

Techniken zur Stresserkennung

1. **Bewusstsein**: Zu erkennen, wann Sie unter Stress stehen, ist der erste Schritt zur Stressbewältigung. Halten Sie Ausschau nach verhaltensbezogenen, emotionalen und körperlichen Stressindikatoren wie Muskelverspannungen, Unruhe, Konzentrationsschwierigkeiten oder Unregelmäßigkeiten im Schlafrhythmus.

2. **Löst aus**: Bestimmen Sie die genauen Umstände, Ereignisse oder Ideen, die Ihre Stressreaktion auslösen. Sie können wiederkehrende Stressfaktoren erkennen und Mustern folgen, indem Sie ein Notizbuch führen.

3. **Maßgeschneiderte Stressoren:** Jeder hat unterschiedliche Stressfaktoren. Arbeitsfristen können für manche Menschen Stress verursachen, aber soziale Umstände oder familiäre Streitigkeiten können für andere zu Stress führen. Wenn Sie Ihre persönlichen Auslöser kennen, können Sie gezielte Bewältigungsmechanismen entwickeln.

Techniken zur Entspannung, Meditation und Achtsamkeit

Methoden der Entspannung

Zahlreiche Entspannungsmethoden können dabei helfen, Stress abzubauen und Gelassenheit und Entspannung zu fördern.

· **Progressive Muskelentspannung:** Beginnen Sie bei Ihren Zehen und arbeiten Sie sich bis zum Kopf vor, wobei Sie verschiedene Muskelgruppen in Ihrem Körper anspannen und entspannen. Diese Methode kann körperlichen Stress lindern und die Ruhe fördern.

· **Atemübungen:** Um die Entspannungsreaktion des Körpers auszulösen und Spannungen abzubauen, üben Sie tiefe Atemübungen wie Zwerchfellatmung oder Boxatmung.

· **Visualisierung:** Stellen Sie sich mithilfe von geführten Bildern oder Visualisierungstechniken eine ruhige Umgebung wie einen Strand oder einen Wald vor. Nutzen Sie alle Sinne, während Sie sich die Sehenswürdigkeiten, Geräusche und Empfindungen des von Ihnen gewählten Ortes lebhaft vorstellen.

Meditation

Das Ziel der Meditation ist es, den Geist zu trainieren, um einen Zustand konzentrierter Achtsamkeit und Aufmerksamkeit zu erreichen. Regelmäßige Meditationspraxis kann mentale Spannungen lindern, das allgemeine Wohlbefinden fördern und den Geist beruhigen.

· **Geführte Meditation:** Um zu entspannen und sich zu konzentrieren, nutzen Sie Smartphone-Apps oder geführte Meditationsaufzeichnungen. Lassen Sie sich von einem Meditationslehrer durch Achtsamkeitsübungen und Entspannungstechniken führen.

· **Meditation der liebenden Güte:** Praktizieren Sie die Meditation der liebenden Güte, um Mitgefühl und Freundlichkeit sowohl für sich selbst als auch für andere Menschen zu entwickeln. Sagen Sie wiederholt Affirmationen wie „Möge ich glücklich sein, möge ich gesund sein, möge ich in Sicherheit sein" und konzentrieren Sie sich dabei darauf, Gefühle der Freundlichkeit und des Mitgefühls zu fördern.

Achtsamkeit

Achtsamkeit bedeutet, offen und neugierig zu sein und den aktuellen Moment zu akzeptieren und ihm gleichzeitig Aufmerksamkeit zu schenken. Achtsamkeitsübungen können dazu beitragen, Stress abzubauen, indem sie das Bewusstsein für Ihre Gedanken, Gefühle und Empfindungen schärfen, ohne ein Urteil zu fällen.

·   **Achtsames Atmen:** Nehmen Sie sich jeden Tag etwas Zeit, um sich auf Ihre Atmung zu konzentrieren und achten Sie dabei darauf, wie sich das Ein- und Ausatmen anfühlt. Diese einfache Übung hilft, Spannungen zu lösen und die geistige Ruhe zu fördern.

·   **Bodyscan-Meditation:** Nehmen Sie eine bequeme Position ein, sei es im Liegen oder im Sitzen, und scannen Sie Ihren gesamten Körper gründlich und notieren Sie dabei alle Stellen, an denen Sie angespannt sind oder sich unwohl fühlen. Entspannung und Stressabbau können durch die Beachtung der Körperempfindungen erreicht werden.

·   **Achtsames Essen:** Nehmen Sie sich Zeit, genießen Sie jeden Bissen und konzentrieren Sie sich auf den Geschmack, die Textur und das Aroma Ihres Essens. Die Reduzierung von stressbedingtem Essen und die Steigerung des Essensgenusses sind zwei Vorteile einer achtsamen Ernährung.

Nützliche Ratschläge zur Stressreduzierung

· **Erstellen Sie einen regelmäßigen Entspannungsplan:** Auch wenn es nur für kurze Zeit ist, planen Sie jeden Tag Zeit für Aktivitäten ein, die der Entspannung dienen und Stress abbauen.

· **Machen Sie Selbstfürsorge zur Priorität:** Schenken Sie sich selbst die Aufmerksamkeit und die Ressourcen, die Sie brauchen, indem Sie sich Zeit für Hobbys, körperliche Aktivität und schöne Zeit mit Ihren Lieben nehmen.

· **Grenzen setzen**: Erwerben Sie die Fähigkeit, Verpflichtungen und Beschäftigungen abzulehnen, die Sie unnötig belasten oder überfordern.

· Suchen Sie Hilfe: Suchen Sie in stressigen Zeiten Rat und Unterstützung bei Freunden, der Familie oder einem Psychologen.

Quellen für zusätzliche Forschung

·   **Headspace:** Bietet Achtsamkeitsaktivitäten und geführte Meditation, um Menschen zu helfen, sich zu entspannen und Stress abzubauen.

·   **Insight-Timer:** Bietet eine Vielzahl von Hilfsmitteln zur Meditation und Entspannung, wie Vorträge, Musik und geführte Meditationen.

·   Matthew McKay, Martha Davis und Elizabeth Robbins Eshelmans Arbeitsbuch zur Entspannung und Stressreduzierung: ein ausführliches Handbuch zu Methoden zur Stressreduzierung, das Atemübungen, Meditation und Achtsamkeit umfasst.

·   Lokale Yoga- oder Meditationskurse: Schauen Sie sich an, was Ihre Stadt in Bezug auf persönliche Schulung und Unterstützung zu bieten hat.

Sie können nützliche Bewältigungsmechanismen zur Stressbewältigung und zur Verbesserung des allgemeinen Wohlbefindens entwickeln, indem Sie Achtsamkeits-, Meditations- und Entspannungsübungen in Ihren Alltag integrieren. Probieren Sie verschiedene Methoden aus, um herauszufinden, welche am besten zu Ihnen passt. Denken Sie daran, dass Beständigkeit und Wiederholung unerlässlich sind, um von diesen Methoden zu profitieren.

Kapitel 4

Resilienz aufbauen

Resilienz und ihre Rolle für die psychische Gesundheit verstehen

Resilienz ist die Fähigkeit, sich von Widrigkeiten, Traumata oder anderen erheblichen Stressfaktoren zu erholen und sich auf gesunde und konstruktive Weise an Herausforderungen anzupassen. Es geht nicht darum, schwierige Erfahrungen zu vermeiden oder zu leugnen, sondern darum, ihnen mit Mut, Ausdauer und Flexibilität zu begegnen. Resilienz spielt eine entscheidende Rolle für die psychische Gesundheit und hilft dem Einzelnen, mit den Höhen und Tiefen des Lebens umzugehen und im Angesicht von Widrigkeiten erfolgreich zu sein.

Faktoren, die die Resilienz beeinflussen

1.	**Sozialhilfe:** Starke Beziehungen zu Freunden, Familienmitgliedern und Gemeindemitgliedern sind in schwierigen

Zeiten eine wichtige Quelle der Unterstützung. Wenn Sie Menschen haben, an die Sie sich für emotionale Unterstützung, Ermutigung und praktische Hilfe wenden können, kann dies die Widerstandsfähigkeit stärken.

2. **Positiver Ausblick:** Die Aufrechterhaltung einer hoffnungsvollen und optimistischen Einstellung kann dazu beitragen, dass Menschen schwierige Situationen widerstandsfähiger meistern. Dankbarkeit zu kultivieren, sich auf Stärken zu konzentrieren und Sinn und Zweck im Leben zu finden, kann eine positive Denkweise fördern.

3. **Problemlösende Fähigkeiten:** Effektive Fähigkeiten zur Problemlösung ermöglichen es Einzelpersonen, Lösungen zu finden und Maßnahmen zur Bewältigung von Herausforderungen zu ergreifen. Die Entwicklung von Fähigkeiten wie Zielsetzung, Entscheidungsfindung und effektive Kommunikation kann die Widerstandsfähigkeit verbessern.

4. **Strategien kopieren:** Gesunde Bewältigungsstrategien wie die Suche nach sozialer Unterstützung, das Üben von Selbstfürsorge und die Anwendung von

Entspannungstechniken können dem Einzelnen dabei helfen, mit Stress umzugehen und seine Widerstandsfähigkeit aufzubauen. Wichtig ist auch die Vermeidung schädlicher Bewältigungsmechanismen wie Substanzmissbrauch oder Vermeidungsverhalten.

Praktische Möglichkeiten zur Förderung der Widerstandsfähigkeit im Alltag

1. **Selbstbewusstsein entwickeln:** Nehmen Sie sich Zeit, über Ihre Stärken, Schwächen und Bewältigungsstrategien nachzudenken. Wenn Sie Ihre eigene Belastbarkeit verstehen, können Sie Herausforderungen effektiver meistern.

2. **Kultivieren Sie Optimismus:** Konzentrieren Sie sich auf die positiven Aspekte einer Situation, auch angesichts von Widrigkeiten. Üben Sie, negative Gedanken neu zu formulieren und in schwierigen Erfahrungen einen Lichtblick zu finden.

3. **Bauen Sie starke Beziehungen auf:** Investieren Sie Zeit und Mühe in die Pflege der Beziehungen zu Freunden, Familienmitgliedern und unterstützenden Personen in Ihrer Gemeinde. Nehmen Sie

Hilfe und Unterstützung in Anspruch, wenn Sie diese benötigen, und bieten Sie im Gegenzug anderen Ihre Unterstützung an.

4. **Üben Sie Selbstfürsorge:** Priorisieren Sie Ihr körperliches, emotionales und geistiges Wohlbefinden, indem Sie sich an Aktivitäten beteiligen, die Entspannung, Stressabbau und die allgemeine Gesundheit fördern. Dazu können Bewegung, Achtsamkeit, Hobbys oder Zeit in der Natur gehören.

5. **Setzen Sie sich realistische Ziele:** Teilen Sie größere Ziele in kleinere, überschaubare Schritte auf und feiern Sie Ihre Fortschritte auf dem Weg dorthin. Das Setzen und Erreichen von Zielen kann das Selbstvertrauen und die Belastbarkeit stärken.

6. **Anpassungsfähigkeit fördern:** Nehmen Sie Veränderungen und Unsicherheit als Chancen für Wachstum und Lernen an. Fördern Sie Flexibilität und Belastbarkeit, indem Sie eine Denkweise entwickeln, die offen für neue Erfahrungen und Herausforderungen ist.

7. **Sinn und Zweck suchen:** Identifizieren Sie, was Ihnen am wichtigsten ist, und finden

Sie Wege, Sinn und Zweck in Ihr tägliches Leben zu integrieren. Die Verbindung zu Ihren Werten und Leidenschaften kann in schwierigen Zeiten Orientierung und Widerstandskraft vermitteln.

8. **Aus Rückschlägen lernen:** Betrachten Sie Rückschläge und Misserfolge als Gelegenheiten zum Lernen und Wachstum und nicht als Spiegelbild Ihres Wertes oder Ihrer Fähigkeiten. Denken Sie darüber nach, was Sie aus schwierigen Erfahrungen lernen können und wie Sie dieses Wissen nutzen können, um zukünftige Herausforderungen zu meistern.

9. **Übe Dankbarkeit:** Nehmen Sie sich jeden Tag Zeit, über die Dinge nachzudenken, für die Sie dankbar sind, egal wie klein sie sind. Die Kultivierung einer Haltung der Dankbarkeit kann die Widerstandsfähigkeit fördern und das allgemeine Wohlbefinden steigern.

10. **Suchen Sie bei Bedarf Unterstützung:** Zögern Sie nicht, Freunde, Familienmitglieder oder psychiatrische Fachkräfte um Hilfe und Unterstützung zu bitten, wenn Sie vor großen Herausforderungen stehen oder unter emotionalem Stress leiden. Um Hilfe zu

bitten ist ein Zeichen von Stärke, nicht von Schwäche.

Ressourcen für weitere Erkundungen

·   „The Resilience Factor" von Karen Reivich und Andrew Shatte bietet praktische Strategien zum Aufbau von Resilienz und zur Bewältigung von Widrigkeiten.

·   **Widerstandsfähigkeit:** Die Wissenschaft, die größten Herausforderungen des Lebens zu meistern von Steven M. Southwick und Dennis S. Charney: Erforscht die Wissenschaft der Resilienz und bietet Einblicke, wie Einzelpersonen Resilienz in ihrem Leben fördern können.

·   **Lokale Selbsthilfegruppen oder Therapie:** Erkunden Sie Möglichkeiten, mit anderen in Kontakt zu treten, die ähnliche Herausforderungen erlebt haben, und können Sie unterstützen und ermutigen.

Durch die Kultivierung der Belastbarkeit im Alltag können Einzelpersonen die Stärke und Flexibilität entwickeln, die sie benötigen, um die Herausforderungen des Lebens mit Anmut und Selbstvertrauen zu meistern. Denken Sie daran, dass Resilienz eine

Fähigkeit ist, die mit der Zeit durch Übung und Ausdauer entwickelt und gestärkt werden kann.

Kapitel 5

Mit Emotionen navigieren

Emotionen sind ein wesentlicher Bestandteil der menschlichen Erfahrung und beeinflussen, wie wir die Welt um uns herum wahrnehmen und mit ihr interagieren. Während Emotionen sowohl angenehm als auch herausfordernd sein können, ist es für die Aufrechterhaltung der psychischen Gesundheit und des Wohlbefindens unerlässlich, zu lernen, effektiv mit ihnen umzugehen. In diesem Kapitel werden wir die Fähigkeiten zur Emotionsregulation zur Bewältigung intensiver Gefühle und Bewältigungsmechanismen für den Umgang mit Wut, Traurigkeit und Angst untersuchen.

Emotionsregulation verstehen

Emotionsregulation bezieht sich auf die Fähigkeit, die eigenen Emotionen auf gesunde und anpassungsfähige Weise zu erkennen, zu verstehen und zu verwalten. Eine effektive Emotionsregulation ermöglicht es dem Einzelnen, mit Klarheit, Belastbarkeit und Flexibilität auf Situationen zu reagieren, anstatt impulsiv zu reagieren oder von intensiven Emotionen überwältigt zu werden. Die Entwicklung von Fähigkeiten zur Emotionsregulation ist entscheidend für die Aufrechterhaltung des emotionalen Gleichgewichts und des geistigen Wohlbefindens.

Mit intensiven Gefühlen umgehen

1. **Emotionen erkennen und anerkennen:** Der erste Schritt bei der Emotionsregulation besteht darin, sich Ihrer Gefühle bewusst zu werden und sie anzuerkennen. Achten Sie auf körperliche Empfindungen, Gedanken und Verhaltensweisen, die mit verschiedenen Emotionen einhergehen.

2. Auslöser identifizieren: Identifizieren Sie die spezifischen Situationen, Ereignisse oder Gedanken, die intensive Emotionen auslösen. Wenn Sie Ihre Auslöser verstehen, können Sie emotionale Reaktionen vorhersehen und sich darauf vorbereiten.

3. **Achtsamkeit üben:** Achtsamkeitstechniken wie Achtsamkeitsmeditation oder Atemübungen können Ihnen dabei helfen, geerdet und präsent im Moment zu bleiben, sodass Sie Ihre Gefühle beobachten und akzeptieren können, ohne zu urteilen.

4. Fordern Sie negative Gedanken heraus: Negative Gedanken und Überzeugungen können intensive Emotionen wie Wut, Traurigkeit oder Angst hervorrufen. Üben Sie kognitive Umstrukturierungstechniken, um negative Denkmuster herauszufordern und neu zu definieren.

Bewältigungsmechanismen für Wut

1. Gönnen Sie sich eine Auszeit. Wenn Sie das Gefühl haben, wütend oder aufgeregt zu werden, gönnen Sie sich eine Pause von der Situation, um sich abzukühlen. Gehen Sie weg, atmen Sie tief durch oder üben Sie eine beruhigende Aktivität aus, bis Sie sich ruhiger und gelassener fühlen.

2. Drücken Sie Emotionen konstruktiv aus. Finden Sie gesunde Wege, Ihren Ärger auszudrücken und zu kommunizieren, indem Sie beispielsweise mit einem vertrauenswürdigen Freund sprechen oder in ein Tagebuch schreiben. Vermeiden Sie heftige Schläge oder aggressives Verhalten.

3. Üben Sie Entspannungstechniken: Wenden Sie Entspannungstechniken wie progressive Muskelentspannung oder Atemübungen an, um körperliche

Anspannung abzubauen und ein Gefühl der Ruhe zu fördern.

Bewältigungsmechanismen bei Traurigkeit

1. **Erlaube dir zu fühlen:** Es ist wichtig, sich selbst zu erlauben, Traurigkeit zu erleben und seine Gefühle ohne Urteil anzuerkennen. Das Unterdrücken oder Verleugnen von Emotionen kann Gefühle der Traurigkeit verlängern und es schwieriger machen, mit ihnen umzugehen.

2. **Nehmen Sie an Aktivitäten zur Selbstfürsorge teil**: Passen Sie auf sich auf, indem Sie sich an Aktivitäten beteiligen, die Ihnen Trost und Freude bereiten, wie zum Beispiel Zeit mit Ihren Lieben verbringen, Hobbys nachgehen oder Entspannungstechniken üben.

3. **Unterstützung suchen:** Wenden Sie sich in Zeiten der Traurigkeit an Freunde, Familienmitglieder oder einen Psychologen, um Unterstützung und Trost zu erhalten. Wenn Sie mit jemandem sprechen, dem Sie vertrauen, können Sie sich weniger allein und unterstützter fühlen.

Bewältigungsmechanismen bei Angstzuständen

1.   **Üben Sie Entspannungstechniken:** Üben Sie Entspannungstechniken wie tiefe Atemübungen, progressive Muskelentspannung oder geführte Bilder, um Ihren Geist und Körper zu beruhigen und Angstgefühle zu reduzieren.

2.   **Fordern Sie ängstliche Gedanken heraus:** Identifizieren und hinterfragen Sie irrationale oder übertriebene Gedanken, die zu Angstgefühlen beitragen. Ersetzen Sie negative Gedanken durch realistischere und ausgewogenere Perspektiven.

3. **Nehmen Sie an Aktivitäten teil, die die Entspannung fördern:** Nehmen Sie an Aktivitäten teil, die Entspannung und Stressabbau fördern, wie zum Beispiel Sport, Yoga oder Zeit in der Natur verbringen. Finden Sie Aktivitäten, die Ihnen Freude bereiten und Ihren Geist von ängstlichen Gedanken ablenken.

Praktische Tipps zum Umgang mit Emotionen

- **Übe Selbstmitgefühl:** Seien Sie freundlich und mitfühlend zu sich selbst, insbesondere bei schwierigen emotionalen Erfahrungen. Behandeln Sie sich selbst mit der gleichen Freundlichkeit und dem gleichen Verständnis, die Sie einem Freund entgegenbringen würden.

- **Entwickeln Sie eine Toolbox mit Bewältigungsstrategien:** Experimentieren Sie mit verschiedenen Bewältigungsmechanismen und Strategien zur Bewältigung intensiver Emotionen. Finden Sie heraus, was für Sie am besten funktioniert, und integrieren Sie diese Techniken in Ihren Alltag.

- **Suchen Sie bei Bedarf professionelle Hilfe auf**: Wenn Sie Schwierigkeiten haben, mit intensiven Emotionen umzugehen, oder unter erheblichen Belastungen leiden, zögern Sie nicht, Unterstützung von einem Psychologen zu suchen. Die Therapie kann Ihnen die Werkzeuge und Unterstützung an die Hand geben, die Sie benötigen, um mit schwierigen Emotionen umzugehen und Ihr emotionales Wohlbefinden zu verbessern.

Ressourcen für weitere Erkundungen

- Das Arbeitsbuch „Dialectical Behavior Therapy Skills" von Matthew McKay, Jeffrey C. Wood und Jeffrey Brantley bietet praktische Übungen und Techniken zur Bewältigung intensiver Emotionen mithilfe von Fähigkeiten der Dialectical Behavior Therapy (DBT).
- MindShift ist eine kostenlose App, die von Anxiety Canada entwickelt wurde und Tools und Ressourcen zur Bewältigung von Angstzuständen und zur Bewältigung intensiver Emotionen bereitstellt.
- **Lokale Selbsthilfegruppen oder Therapie:** Erkunden Sie Möglichkeiten, mit anderen in Kontakt zu treten, die ähnliche Herausforderungen erleben, und können Sie unterstützen und ermutigen.

Durch die Entwicklung von Fähigkeiten zur Emotionsregulation und die Implementierung effektiver Bewältigungsmechanismen können Sie intensive Gefühle leichter und belastbarer bewältigen. Denken Sie daran, dass der Umgang mit Emotionen eine Fähigkeit ist, die mit der Zeit durch Übung und Geduld erlernt und gestärkt werden kann.

Kapitel 6

Die Kraft des Selbstmitgefühls

Selbstmitgefühl ist die Praxis, sich selbst mit Freundlichkeit, Verständnis und Akzeptanz zu begegnen, insbesondere in Zeiten von Schwierigkeiten oder Misserfolgen. Dabei geht es darum, uns selbst das gleiche Mitgefühl und die gleiche Empathie entgegenzubringen, die wir einem engen Freund oder geliebten Menschen entgegenbringen würden. In diesem Kapitel werden wir die Bedeutung von Selbstmitgefühl für die psychische Gesundheit untersuchen und praktische Strategien zur Kultivierung von Selbstmitgefühl und Selbstliebe bereitstellen.

Bedeutung von Selbstmitgefühl für die psychische Gesundheit

Selbstmitgefühl spielt eine entscheidende Rolle bei der Förderung der psychischen Gesundheit und des Wohlbefindens. Untersuchungen haben gezeigt, dass Personen, die Selbstmitgefühl praktizieren, angesichts von Herausforderungen widerstandsfähiger sind, weniger unter Angstzuständen und Depressionen leiden und insgesamt eine größere Lebenszufriedenheit erfahren. Hier sind einige Möglichkeiten, wie Selbstmitgefühl der psychischen Gesundheit zugute kommen kann:

1. **Selbstkritik reduzieren:** Selbstmitgefühl bedeutet, Selbstkritik und hartes Urteilsvermögen durch Freundlichkeit und Verständnis zu ersetzen. Indem wir mitfühlend mit uns selbst umgehen, können wir uns aus dem Kreislauf negativer Selbstgespräche befreien und einen positiveren und unterstützenderen inneren Dialog pflegen.
2. **Resilienz aufbauen:** Selbstmitgefühl ermöglicht es uns, unsere eigenen Gefühle und Erfahrungen anzuerkennen und zu bestätigen, auch wenn sie schwierig oder schmerzhaft sind. Indem wir Selbstmitgefühl praktizieren, entwickeln wir eine größere emotionale Belastbarkeit und sind besser in der Lage, die Herausforderungen des Lebens mit Anmut und Stärke zu meistern.
3. **Steigerung des emotionalen Wohlbefindens:** Selbstmitgefühl fördert ein größeres Gefühl des emotionalen Wohlbefindens, indem

es Selbstakzeptanz und Selbstliebe fördert. Wenn wir uns selbst mit Freundlichkeit und Mitgefühl begegnen, verspüren wir ein größeres Gefühl der Zufriedenheit, des Friedens und des Glücks.

Praktiken zur Entwicklung von Selbstmitgefühl und Selbstliebe

1. **Achtsamkeit kultivieren:** Achtsamkeit bedeutet, mit Offenheit, Neugier und Akzeptanz auf den gegenwärtigen Moment aufmerksam zu machen. Machen Sie Achtsamkeitsübungen, um Ihre Gedanken und Gefühle ohne Wertung zu beobachten und sich selbst zu erlauben, alles, was auftaucht, mit Freundlichkeit und Mitgefühl zu erleben.

2. **Übe Selbstfreundlichkeit:** Behandeln Sie sich selbst mit der gleichen Freundlichkeit und dem gleichen Verständnis, das Sie einem engen Freund oder geliebten Menschen entgegenbringen würden. Wenn Sie mit schwierigen Gefühlen oder Herausforderungen konfrontiert werden, antworten Sie mit

ermutigenden und unterstützenden Worten statt mit Kritik oder Urteil.

3. **Fordern Sie selbstkritische Gedanken heraus:** Beachten Sie, wenn Sie selbstkritische oder negative Selbstgespräche führen, und hinterfragen Sie diese Gedanken mit Mitgefühl und Verständnis. Fragen Sie sich: „Würde ich auf diese Weise mit einem Freund sprechen?" und formulieren Sie Ihre Gedanken mit Freundlichkeit und Selbstmitgefühl neu.

4. **Dankbarkeit kultivieren:** Üben Sie Dankbarkeit, indem Sie sich auf die Dinge in Ihrem Leben konzentrieren, für die Sie dankbar sind, egal wie klein sie sind. Dankbarkeit kann dazu beitragen, Ihre Perspektive von Mangel oder Selbstkritik zu einer Perspektive des Überflusses und der Wertschätzung zu ändern.

5. **Grenzen setzen:** Priorisieren Sie Ihre eigenen Bedürfnisse und Ihr Wohlbefinden, indem Sie gegenüber anderen Grenzen setzen und Nein zu Verpflichtungen oder Aktivitäten sagen, die Ihnen Energie rauben oder Ihre Selbstfürsorge beeinträchtigen. Denken Sie daran, dass Selbstmitgefühl auch bedeutet, Ihre

eigenen Grenzen zu respektieren und auf sich selbst aufzupassen.

6. **Üben Sie Selbstfürsorge:** Machen Sie Selbstfürsorge zu einer Priorität, indem Sie sich an Aktivitäten beteiligen, die Ihren Geist, Körper und Ihre Seele nähren. Dazu können Bewegung, Meditation, Zeit in der Natur oder die Ausübung von Hobbys oder kreativen Beschäftigungen gehören, die Ihnen Freude und Erfüllung bringen.

7. **Unterstützung suchen:** Wenden Sie sich bei Bedarf an Freunde, Familienmitglieder oder einen Therapeuten, um Unterstützung und Ermutigung zu erhalten. Denken Sie daran, dass es in Ordnung ist, um Hilfe zu bitten, und dass die Suche nach Unterstützung ein Zeichen von Stärke und nicht von Schwäche ist.

Praktische Tipps zur Kultivierung von Selbstmitgefühl

- Fangen Sie klein an: Beginnen Sie damit, Selbstmitgefühl in kleinen, alltäglichen Momenten zu üben. Beachten Sie, wenn Sie selbstkritisch sind, und reagieren Sie freundlich und verständnisvoll.

- Üben Sie Selbstmitgefühlsübungen: Versuchen Sie es mit Tagebuchführung, Meditation oder geführten Bildübungen, die speziell darauf ausgelegt sind, Selbstmitgefühl und Selbstliebe zu fördern.
- Seien Sie geduldig und sanft mit sich selbst. Selbstmitgefühl zu entwickeln ist ein Prozess, der Zeit und Übung erfordert. Seien Sie geduldig mit sich selbst und denken Sie daran, dass es in Ordnung ist, unterwegs Rückschläge zu erleiden.

Ressourcen für weitere Erkundungen

- **Selbstmitgefühl:** Die bewährte Kraft, freundlich zu sich selbst zu sein von Kristin Neff: Bietet praktische Übungen und Techniken zur Kultivierung von Selbstmitgefühl und zur Überwindung von Selbstkritik.
- **Das achtsame Selbstmitgefühl** Das Arbeitsbuch von Kristin Neff und Christopher Germer bietet eine Schritt-für-Schritt-Anleitung zur Entwicklung von Achtsamkeits- und Selbstmitgefühlsfähigkeiten durch

Übungen, Meditationen und Reflexionen.

- **Lokale Selbsthilfegruppen oder Therapie**: Entdecken Sie Möglichkeiten, mit anderen in Kontakt zu treten, die daran arbeiten, Selbstmitgefühl und Selbstliebe in ihrem eigenen Leben zu kultivieren.

Indem wir Selbstmitgefühl und Selbstliebe praktizieren, können wir ein größeres Gefühl von Wohlbefinden, Belastbarkeit und innerem Frieden entwickeln. Denken Sie daran, dass Selbstmitgefühl eine Fähigkeit ist, die mit der Zeit durch Übung und Geduld entwickelt und gestärkt werden kann. Behandeln Sie sich selbst mit Freundlichkeit und Mitgefühl und denken Sie daran, dass Sie genauso wie Sie der Liebe und Akzeptanz würdig sind.

Kapitel 7

Positive Beziehungen pflegen

Positive und bedeutungsvolle Beziehungen spielen eine entscheidende Rolle für unser geistiges Wohlbefinden und bieten Unterstützung, Verbindung und ein Zugehörigkeitsgefühl. In diesem Kapitel werden wir die Auswirkungen sozialer Verbindungen auf die psychische Gesundheit untersuchen und Strategien zur Förderung gesunder Beziehungen und zum Setzen von Grenzen bereitstellen.

Einfluss sozialer Verbindungen auf das geistige Wohlbefinden

Untersuchungen haben immer wieder gezeigt, dass soziale Verbindungen eng mit der psychischen Gesundheit und dem Wohlbefinden verbunden sind. Starke und unterstützende Beziehungen können einen Puffer gegen Stress bilden, Gefühle der Einsamkeit und Isolation reduzieren und zu mehr allgemeinem Glück und Lebenszufriedenheit beitragen. Hier sind einige Möglichkeiten, wie sich soziale Verbindungen auf das geistige Wohlbefinden auswirken:

1. **Emotionale Unterstützung:** Enge Beziehungen zu Freunden, Familienmitgliedern und geliebten Menschen bieten in Zeiten von Stress, Traurigkeit oder Schwierigkeiten eine Quelle emotionaler Unterstützung. Jemanden zu haben, mit dem man reden und auf den man sich stützen kann, kann dazu beitragen, das Gefühl der Einsamkeit zu lindern und Trost und Sicherheit zu spenden.

2. **Zugehörigkeitsgefühl:** Soziale Verbindungen geben uns ein Gefühl der Zugehörigkeit und Verbundenheit mit anderen, was für unsere geistige und emotionale Gesundheit unerlässlich ist. Das Gefühl, mit einer Gemeinschaft oder sozialen Gruppe verbunden zu sein, kann ein Gefühl von Sinnhaftigkeit und Identität sowie Möglichkeiten für Wachstum und persönliche Entwicklung vermitteln.

3. **Erhöhte Belastbarkeit:** Starke soziale Verbindungen können die Widerstandsfähigkeit stärken und uns helfen, die Herausforderungen des Lebens effektiver zu meistern. Zu wissen, dass wir über ein unterstützendes Netzwerk aus

Freunden und Familienmitgliedern verfügen, die sich um uns kümmern, kann uns die Kraft und den Mut geben, Widrigkeiten mit größerer Widerstandsfähigkeit und Selbstvertrauen zu begegnen.

Strategien zur Förderung gesunder Beziehungen

1. **Priorisieren Sie die Kommunikation:**

    Effektive Kommunikation ist der Schlüssel zum Aufbau und zur Aufrechterhaltung gesunder Beziehungen. Üben Sie aktives Zuhören, Empathie und offene Kommunikation mit Ihren Lieben und seien Sie bereit, Ihre Bedürfnisse und Gefühle ehrlich und selbstbewusst auszudrücken.

2. **Vertrauen und Intimität fördern:** Bauen Sie Vertrauen und Intimität in Ihren Beziehungen auf, indem Sie zuverlässig, ehrlich und unterstützend sind. Fördern Sie ein Gefühl der Nähe und Verbundenheit, indem Sie Ihre Gedanken, Gefühle und Erfahrungen mit Ihren Lieben teilen.

3.   **Zeigen Sie Wertschätzung und Dankbarkeit:** Drücken Sie Wertschätzung und Dankbarkeit für die Menschen in Ihrem Leben aus, indem Sie ihre Beiträge anerkennen, sich für ihre Unterstützung bedanken und ihnen zeigen, dass Sie sich um sie kümmern. Kleine Gesten der Freundlichkeit und Wertschätzung können einen großen Beitrag zur Stärkung von Beziehungen leisten.

4.   **Verbringen Sie wertvolle Zeit miteinander:** Nehmen Sie sich Zeit für sinnvolle Interaktionen und gemeinsame Aktivitäten mit Ihren Lieben. Ganz gleich, ob es sich um ein gemeinsames Essen, einen Spaziergang oder die Ausübung eines Hobbys oder gemeinsamen Interesses handelt: Eine schöne Zeit miteinander zu verbringen, stärkt die Bindung und fördert die Verbundenheit.

Grenzen in Beziehungen setzen

1. **Kennen Sie Ihre Grenzen:** Nehmen Sie sich Zeit, um Ihre eigenen Bedürfnisse, Vorlieben und Grenzen in Beziehungen zu erkennen. Machen Sie sich klar, welches Verhalten für Sie akzeptabel und welches inakzeptabel ist, und kommunizieren

Sie Ihre Grenzen selbstbewusst und respektvoll.

2. **Üben Sie Durchsetzungsvermögen:** Zu einer durchsetzungsfähigen Kommunikation gehört es, Ihre Bedürfnisse, Gedanken und Gefühle klar und respektvoll auszudrücken und gleichzeitig die Bedürfnisse und Grenzen anderer zu respektieren. Üben Sie durchsetzungsfähige Kommunikationsfähigkeiten, um Grenzen zu setzen und effektiv für sich selbst einzutreten.

3. **Sagen Sie Nein, wenn es nötig ist:** Haben Sie keine Angst, Nein zu Anfragen, Forderungen oder Einladungen zu sagen, die nicht mit Ihren Werten, Prioritäten oder Grenzen übereinstimmen. Nein zu sagen ist ein wichtiger Bestandteil, um gesunde Grenzen zu setzen und auf sich selbst aufzupassen.

4. **Respektieren Sie die Grenzen anderer:** So wie Sie Grenzen haben, ist es wichtig, die Grenzen anderer zu respektieren. Achten Sie auf Hinweise und Signale Ihrer Lieben, die auf deren Komfortniveau und Grenzen hinweisen, und respektieren Sie deren Bedürfnis nach Freiraum und Autonomie.

Praktische Tipps zur Pflege positiver Beziehungen

- **Anwesend sein:** Bemühen Sie sich, bei Ihren Interaktionen mit anderen vollständig präsent und engagiert zu sein. Legen Sie Ablenkungen wie Telefone oder elektronische Geräte beiseite und konzentrieren Sie sich ganz auf die Person, mit der Sie zusammen sind.
- **Üben Sie Empathie und Mitgefühl:** Versetzen Sie sich in die Lage anderer und versuchen Sie, ihre Gedanken, Gefühle und Perspektiven zu verstehen. Zeigen Sie Empathie und Mitgefühl, indem Sie Unterstützung, Bestätigung und Verständnis anbieten.
- **Suchen Sie bei Bedarf Unterstützung:** Zögern Sie nicht, sich an Freunde, Familienmitglieder oder einen Therapeuten zu wenden, um Unterstützung und Anleitung beim Navigieren in Beziehungen und beim Setzen von Grenzen zu erhalten. Unterstützung zu suchen ist ein Zeichen von Stärke, nicht von Schwäche.

Ressourcen für weitere Erkundungen

- **Grenzen:** „Where You End and I Begin" von Anne Katherine: Bietet praktische Anleitungen und Übungen, um in Beziehungen gesunde Grenzen zu setzen und auf sich selbst aufzupassen.
- Das Gottman Institute bietet Ressourcen und Workshops zum Aufbau und zur Aufrechterhaltung gesunder Beziehungen, einschließlich Kommunikationsfähigkeiten, Konfliktlösung und der Förderung von Intimität.
- **Therapie oder Beratung:** Ziehen Sie in Betracht, die Unterstützung eines lizenzierten Therapeuten oder Beraters in Anspruch zu nehmen, wenn Sie mit Beziehungsproblemen zu kämpfen haben oder es schwierig finden, Grenzen zu setzen. Ein Therapeut kann Ihnen individuelle Anleitung und Unterstützung bei der Bewältigung von Beziehungen und der Verbesserung Ihres geistigen Wohlbefindens bieten.

Indem Sie der Kommunikation Priorität einräumen, Vertrauen und Intimität fördern und gesunde Grenzen setzen, können Sie positive und bedeutungsvolle Beziehungen pflegen, die zu mehr geistigem Wohlbefinden und allgemeinem Glück beitragen. Denken Sie daran, dass der Aufbau und die Pflege gesunder Beziehungen ein fortlaufender Prozess ist, der Anstrengung, Geduld und Engagement aller Beteiligten erfordert.

Kapitel 8

Schlafhygiene und psychische Gesundheit

Schlaf ist nicht nur ein Luxus; Es ist eine grundlegende Säule des geistigen Wohlbefindens. In diesem Kapitel untersuchen wir den entscheidenden Zusammenhang zwischen Schlaf und psychischer Gesundheit und geben praktische Tipps zur Verbesserung der Schlafqualität und zur Einrichtung einer Schlafenszeitroutine.

Der Zusammenhang zwischen Schlaf und geistigem Wohlbefinden

Guter Schlaf ist für die Aufrechterhaltung einer optimalen psychischen Gesundheit und eines optimalen Wohlbefindens unerlässlich. Schlaf spielt eine entscheidende Rolle bei verschiedenen kognitiven Funktionen, der emotionalen Regulierung und der Stressbewältigung. Wenn wir nicht genug Schlaf bekommen oder eine schlechte Schlafqualität haben, kann dies tiefgreifende Auswirkungen auf unser geistiges Wohlbefinden haben, darunter:

1. **Stimmungsregulierung:** Schlafentzug kann die stimmungsregulierenden Neurotransmitter im Gehirn stören, was zu erhöhter Reizbarkeit, Stimmungsschwankungen und Symptomen von Depressionen und Angstzuständen führt.

2. **Kognitive Funktion:** Ausreichender Schlaf ist für eine optimale kognitive Funktion, einschließlich Aufmerksamkeit, Gedächtnis und Problemlösungsfähigkeiten, notwendig. Schlechter Schlaf kann die kognitive Leistungsfähigkeit beeinträchtigen und zu Konzentrations-, Entscheidungs- und Produktivitätsschwierigkeiten führen.

3. **Stressbewältigung:** Schlafentzug kann den Spiegel von Stresshormonen wie Cortisol erhöhen, was zu verstärkten Stressreaktionen und Schwierigkeiten bei der Bewältigung der täglichen Stressfaktoren führt.

4. **Emotionale Regulierung:** Guter Schlaf ist für die Regulierung von Emotionen und die Verarbeitung emotionaler Erfahrungen unerlässlich. Schlafmangel kann zu erhöhter emotionaler

Reaktionsfähigkeit, Impulsivität und Schwierigkeiten beim Umgang mit negativen Emotionen führen.

Tipps zur Verbesserung der Schlafqualität und zur Einrichtung einer Schlafenszeitroutine

1. **Halten Sie einen konsistenten Schlafplan ein:** Gehen Sie jeden Tag zur gleichen Zeit ins Bett und stehen Sie auf, auch am Wochenende. Konsistenz hilft, die innere Uhr Ihres Körpers zu regulieren und verbessert die allgemeine Schlafqualität.
2. **Erstellen Sie eine entspannende Schlafenszeitroutine:** Richten Sie eine beruhigende Schlafenszeitroutine ein, um Ihrem Körper zu signalisieren, dass es Zeit zum Entspannen ist. Dazu können Aktivitäten wie Lesen, ein warmes Bad nehmen, Entspannungstechniken wie tiefes Atmen oder Meditation üben oder beruhigende Musik hören.
3. **Schaffen Sie eine angenehme Schlafumgebung:** Sorgen Sie dafür, dass Ihr Schlafzimmer zum Schlafen einlädt, indem Sie es kühl, dunkel und ruhig halten. Investieren Sie in eine bequeme Matratze und Kissen und

entfernen Sie elektronische Geräte, die blaues Licht ausstrahlen, das den Schlaf stören kann.

4. **Beschränken Sie die Bildschirmbelastung vor dem Schlafengehen:** Vermeiden Sie die Nutzung elektronischer Geräte wie Smartphones, Tablets und Computer vor dem Schlafengehen, da das von diesen Geräten ausgestrahlte blaue Licht den natürlichen Schlaf-Wach-Rhythmus Ihres Körpers beeinträchtigen kann.

5. **Vermeiden Sie Genussmittel und schwere Mahlzeiten vor dem Schlafengehen:** Vermeiden Sie den Konsum von Koffein, Nikotin und schweren Mahlzeiten kurz vor dem Schlafengehen, da diese Ihre Ein- und Durchschlaffähigkeit beeinträchtigen können.

6. **Treiben Sie regelmäßig Sport:** Treiben Sie tagsüber regelmäßig Sport, vermeiden Sie jedoch intensive körperliche Betätigung kurz vor dem Schlafengehen, da diese anregend sein und das Einschlafen erschweren kann.

7. **Stress und Ängste bewältigen:** Üben Sie Techniken zur Stressreduzierung wie

Achtsamkeitsmeditation, Atemübungen oder progressive Muskelentspannung, um Ihren Geist zu beruhigen und die Entspannung vor dem Schlafengehen zu fördern.

8. **Nickerchen begrenzen:** Auch wenn kurze Nickerchen für manche Menschen von Vorteil sein können, vermeiden Sie lange oder spätnachmittägliche Nickerchen, da diese Ihren Schlaf-Wach-Rhythmus stören und das Einschlafen nachts erschweren können.

Praktische Tipps zur Verbesserung der Schlafhygiene

- **Führen Sie ein Schlaftagebuch:** Behalten Sie Ihre Schlafgewohnheiten im Auge, einschließlich der Schlafenszeit, der Wachzeit und aller Faktoren, die Ihre Schlafqualität beeinflussen können, wie z. B. Koffeinkonsum, Bewegung oder Stresslevel.

- **Passen Sie Ihren Schlafplan schrittweise an:** Wenn Sie Ihren Schlafplan ändern müssen, z. B. um sich an einen neuen Arbeitsplan anzupassen oder in eine andere Zeitzone zu reisen, verschieben Sie

Ihre Schlafens- und Aufwachzeit schrittweise jeden Tag um 15–30 Minuten, bis Sie Ihren gewünschten Zeitplan erreicht haben.

- **Ziehen Sie in Betracht, professionelle Hilfe in Anspruch zu nehmen:** Wenn Sie trotz guter Schlafhygiene weiterhin unter Schlafstörungen leiden, sollten Sie die Hilfe eines medizinischen Fachpersonals wie eines Schlafspezialisten oder Therapeuten in Betracht ziehen, der Ihnen weitere Beurteilungs- und Behandlungsmöglichkeiten bieten kann.

Ressourcen für weitere Erkundungen

- Die National Sleep Foundation bietet Ressourcen und Informationen zur Schlafgesundheit, einschließlich Tipps zur Verbesserung der Schlafqualität und zur Einrichtung einer Schlafenszeitroutine.
- **Schlafzyklus:** Eine Smartphone-App, die Ihre Schlafmuster verfolgt und Einblicke in Ihre Schlafqualität bietet. So können Sie Faktoren identifizieren, die Ihren Schlaf beeinträchtigen könnten.

- Kognitive Verhaltenstherapie bei Schlaflosigkeit (CBT-I): CBT-I ist eine hochwirksame Behandlung von Schlaflosigkeit, die die zugrunde liegenden Gedanken und Verhaltensweisen anspricht, die zu Schlafstörungen beitragen. Wenn Sie unter chronischer Schlaflosigkeit leiden, sollten Sie sich von einem zugelassenen Therapeuten mit einer Ausbildung in kognitiver Verhaltenstherapie (CBT-I) behandeln lassen.

Indem Sie der Schlafhygiene Priorität einräumen und eine konsistente Schlafenszeitroutine etablieren, können Sie Ihre Schlafqualität verbessern und Ihr allgemeines geistiges Wohlbefinden verbessern. Denken Sie daran, dass guter Schlaf ein wesentlicher Bestandteil eines gesunden Lebensstils ist und eine entscheidende Rolle bei der Unterstützung Ihrer geistigen Gesundheit und Ihres Wohlbefindens spielt.

Kapitel 9

Ernährung und psychische Gesundheit

Die Ernährung spielt eine wichtige Rolle bei der Aufrechterhaltung einer guten psychischen Gesundheit, indem sie die Gehirnfunktion, die Stimmungsregulierung und das allgemeine Wohlbefinden beeinflusst. In diesem Kapitel werden wir die Rolle der Ernährung für die psychische Gesundheit untersuchen und Lebensmittel besprechen, die die Gehirnfunktion und die Stimmungsregulierung unterstützen.

Die Rolle der Ernährung bei der Aufrechterhaltung einer guten psychischen Gesundheit

Die Nahrung, die wir zu uns nehmen, liefert die Nährstoffe, die für eine optimale Gehirnfunktion und geistige Gesundheit notwendig sind. Untersuchungen haben gezeigt, dass bestimmte Ernährungsgewohnheiten und Nährstoffe die Stimmung, die Wahrnehmung und das geistige Wohlbefinden beeinflussen können. Hier sind einige Möglichkeiten, wie sich die

Ernährung auf die psychische Gesundheit auswirken kann:

1. **Gehirnfunktion:** Um richtig zu funktionieren, benötigt das Gehirn eine stetige Versorgung mit Nährstoffen, darunter Vitamine, Mineralien, Antioxidantien und Omega-3-Fettsäuren. Eine ausgewogene und nahrhafte Ernährung kann die kognitive Funktion, das Gedächtnis und die Konzentration unterstützen.

2. **Stimmungsregulierung:** Bestimmte Nahrungsmittel und Nährstoffe können die Produktion und Aktivität von Neurotransmittern im Gehirn beeinflussen und so die Stimmungsregulation und das emotionale Wohlbefinden beeinflussen. Nährstoffmangel oder Ungleichgewichte können zu Stimmungsstörungen wie Depressionen und Angstzuständen führen.

3. **Entzündung:** Chronische Entzündungen werden mit der Entwicklung psychischer Erkrankungen wie Depressionen und Schizophrenie in Verbindung gebracht. Der Verzehr einer

entzündungshemmenden Ernährung, die reich an Obst, Gemüse, Vollkornprodukten und gesunden Fetten ist, kann helfen, Entzündungen zu reduzieren und die psychische Gesundheit zu unterstützen.

Lebensmittel, die die Gehirnfunktion und die Stimmungsregulation unterstützen

1. **Fetter Fisch:** Fetter Fisch wie Lachs, Makrele und Sardinen sind reich an Omega-3-Fettsäuren, die für die Gesundheit des Gehirns und die Stimmungsregulierung unerlässlich sind. Omega-3-Fettsäuren reduzieren nachweislich Entzündungen, verbessern die Stimmung und unterstützen die kognitiven Funktionen.

2. **Blattgemüse:** Grünes Blattgemüse wie Spinat, Grünkohl und Mangold stecken voller Vitamine, Mineralien und Antioxidantien, die die Gesundheit des Gehirns unterstützen. Sie sind besonders reich an Folsäure, was mit einem verringerten Risiko für Depressionen in Verbindung gebracht wird.

3. **Beeren:** Beeren wie Blaubeeren, Erdbeeren und Brombeeren sind reich

an Antioxidantien, die dazu beitragen, das Gehirn vor oxidativem Stress und Entzündungen zu schützen. Studien haben gezeigt, dass der regelmäßige Verzehr von Beeren die kognitive Funktion verbessern und den altersbedingten Rückgang der Gehirnfunktion verzögern kann.

4. **Nüsse und Samen:** Nüsse und Samen sind ausgezeichnete Quellen für gesunde Fette, Vitamine, Mineralien und Antioxidantien, die die Gesundheit des Gehirns unterstützen. Walnüsse, Mandeln, Leinsamen und Chiasamen sind besonders reich an Omega-3-Fettsäuren und anderen Nährstoffen, die sich positiv auf die psychische Gesundheit auswirken.

5. **Vollkorn:** Vollkornprodukte wie Hafer, Quinoa, brauner Reis und Gerste liefern eine stetige Energiequelle für das Gehirn und unterstützen einen stabilen Blutzuckerspiegel. Der Verzehr von Vollkornprodukten kann zur Verbesserung der Stimmung, Konzentration und kognitiven Funktion beitragen.

6. **Fermentierte Lebensmittel:** Fermentierte Lebensmittel wie Joghurt, Kefir, Sauerkraut und

Kimchi enthalten nützliche Probiotika, die die Darmgesundheit unterstützen und sich möglicherweise positiv auf die Stimmung und die psychische Gesundheit auswirken. Die Verbindung zwischen Darm und Gehirn legt nahe, dass ein gesundes Darmmikrobiom für eine optimale Gehirnfunktion und emotionales Wohlbefinden unerlässlich ist.

7. **Dunkle Schokolade:** Dunkle Schokolade enthält Flavonoide und Antioxidantien, die nachweislich die Stimmung verbessern, Stress reduzieren und die kognitiven Funktionen verbessern. Wählen Sie dunkle Schokolade mit einem hohen Kakaoanteil (70 % oder mehr), um den größtmöglichen Nutzen zu erzielen.

Praktische Tipps für die Integration gehirnfördernder Lebensmittel in Ihre Ernährung

- Beginnen Sie Ihren Tag mit einem ausgewogenen Frühstück, das proteinreiche Lebensmittel, gesunde Fette und komplexe Kohlenhydrate enthält, um Ihr Gehirn zu stärken und Ihre Stimmung zu stabilisieren.

- Integrieren Sie eine Vielzahl bunter Obst- und Gemüsesorten in Ihre Mahlzeiten und Snacks, um sicherzustellen, dass Sie eine breite Palette an Vitaminen, Mineralien und Antioxidantien erhalten.
- Nehmen Sie mindestens zweimal pro Woche Quellen für Omega-3-Fettsäuren in Ihre Ernährung auf, beispielsweise fetten Fisch, Leinsamen, Walnüsse oder Chiasamen.
- Experimentieren Sie mit neuen Rezepten und Kochmethoden, um gesunde Ernährung genussvoll und nachhaltig zu gestalten.
- Achten Sie auf die Portionsgrößen und streben Sie eine ausgewogene Ernährung an, die eine Vielzahl nährstoffreicher Lebensmittel aus allen Lebensmittelgruppen umfasst.

Ressourcen für weitere Erkundungen

- Der Brain Health Food Guide von Dr. Leslie Korn bietet praktische Anleitungen und Rezepte für die Einbeziehung hirnfördernder Lebensmittel in Ihre Ernährung, um die geistige Gesundheit und die kognitiven Funktionen zu unterstützen.

- Die Mindful Diet von Ruth Wolever und Beth Reardon bietet Strategien zur Kultivierung von Achtsamkeit und zur Auswahl gesunder Ernährung, die das geistige und emotionale Wohlbefinden fördert.
- Lokale Bauernmärkte oder gemeindeunterstützte Landwirtschaftsprogramme (CSA): Entdecken Sie Möglichkeiten, frische, lokal angebaute Produkte zu kaufen und nachhaltige Landwirtschaftspraktiken in Ihrer Gemeinde zu unterstützen.

Kapitel 10

Übung für den Geist

Körperliche Aktivität ist nicht nur gut für Ihren Körper; es hat auch starke Auswirkungen auf Ihr geistiges Wohlbefinden. In diesem Kapitel untersuchen wir die Vorteile von Bewegung für die geistige Gesundheit und geben praktische Tipps, wie Sie körperliche Aktivität in Ihren Alltag integrieren können, um ein optimales geistiges Wohlbefinden zu erreichen.

Vorteile körperlicher Aktivität für das geistige Wohlbefinden

Regelmäßige Bewegung hat zahlreiche positive Auswirkungen auf die psychische Gesundheit, darunter:

1. **Stressreduzierung:** Sport trägt dazu bei, den Spiegel von Stresshormonen wie Cortisol und Adrenalin zu senken, was zu einem ruhigeren und entspannteren Geisteszustand führt.
2. **Stimmungsverbesserung:** Körperliche Aktivität stimuliert die Freisetzung von Endorphinen,

Neurotransmittern, die die Stimmung heben und Glücks- und Wohlbefindensgefühle fördern.

3. **Angstlinderung:** Es hat sich gezeigt, dass Bewegung die Symptome von Angst- und Panikstörungen lindert, indem sie von besorgniserregenden Gedanken ablenkt und die Entspannung fördert.

4. **Verbesserter Schlaf:** Regelmäßige Bewegung kann die Schlafqualität und -dauer verbessern, was zu besserer Ruhe und erhöhter geistiger Klarheit und Konzentration führt.

5. **Verbesserte kognitive Funktion:** Körperliche Aktivität wurde mit einer verbesserten kognitiven Funktion in Verbindung gebracht, einschließlich eines besseren Gedächtnisses, einer besseren Aufmerksamkeit und einer besseren Entscheidungsfähigkeit.

6. **Erhöhtes Selbstwertgefühl:** Regelmäßige Bewegung kann das Selbstwertgefühl und das Selbstvertrauen stärken, indem sie Erfolgserlebnisse und Selbstvertrauen fördert.

Integrieren Sie Bewegung in den Alltag für eine optimale psychische Gesundheit

1. **Finden Sie Aktivitäten, die Ihnen Spaß machen:** Wählen Sie körperliche Aktivitäten, die Ihnen Spaß machen und auf die Sie sich freuen, sei es Spazierengehen, Joggen, Radfahren, Tanzen, Schwimmen oder Sport treiben. Wenn Sie Aktivitäten finden, die Ihnen Spaß machen, ist es wahrscheinlicher, dass Sie ihnen langfristig treu bleiben.

2. **Fangen Sie klein an und setzen Sie sich realistische Ziele:** Beginnen Sie mit überschaubaren Trainingsmengen und erhöhen Sie die Intensität und Dauer schrittweise, wenn sich Ihr Fitnessniveau verbessert. Setzen Sie sich erreichbare Ziele, die spezifisch, messbar und realistisch sind, und feiern Sie dabei Ihre Fortschritte.

3. **Machen Sie es zur Gewohnheit.** Planen Sie regelmäßige Trainingseinheiten in Ihren Tages- oder Wochenablauf ein, genau wie bei jedem anderen wichtigen Termin. Konstanz ist der Schlüssel, um die Vorteile des Trainings für die psychische Gesundheit zu nutzen.

4. **Sei flexibel:** Seien Sie flexibel und kreativ bei der Suche nach Möglichkeiten, den ganzen Tag über

körperlich aktiv zu sein, auch wenn Sie einen vollen Terminkalender haben. Nehmen Sie die Treppe statt den Aufzug, gehen Sie nach Möglichkeit zu Fuß oder mit dem Fahrrad zur Arbeit oder bauen Sie in Ihre Pausen kurze Aktivitätsphasen ein.

5. **Mischen Sie es:** Halten Sie Ihr Trainingsprogramm interessant und spannend, indem Sie Ihre Aktivitäten variieren und neue Dinge ausprobieren. Integrieren Sie eine Mischung aus Aerobic-, Krafttrainings- und Beweglichkeitsübungen, um alle Vorteile für die körperliche und geistige Gesundheit zu nutzen.

6. **Finden Sie soziale Unterstützung:** Trainieren Sie mit Freunden oder Familienmitgliedern oder schließen Sie sich einem Gruppenfitnesskurs oder einer Sportmannschaft an, um körperliche Aktivität angenehmer und motivierender zu gestalten. Soziale Unterstützung kann Ihnen dabei helfen, Verantwortung zu übernehmen und sich für Ihre Trainingsziele einzusetzen.

7. **Hören Sie auf Ihren Körper:** Achten Sie darauf, wie sich Ihr

Körper während und nach dem Training anfühlt, und passen Sie Intensität und Dauer entsprechend an. Es ist wichtig, sich selbst herauszufordern, sich aber bei Bedarf auch auszuruhen und zu erholen, um Verletzungen und Burnout vorzubeugen.

Praktische Tipps zur Integration von Bewegung in Ihren Alltag

- **Profitieren Sie von der Technologie:** Nutzen Sie Fitness-Apps, tragbare Aktivitätstracker oder Online-Trainingsvideos, um Inspiration zu finden, Ihre Fortschritte zu verfolgen und motiviert zu bleiben.
- **Mach es spaßig:** Wählen Sie Aktivitäten, die Ihnen wirklich Spaß machen und auf die Sie sich freuen, sei es Tanzen zu Ihrer Lieblingsmusik, Sport mit Freunden oder Erkunden der Natur beim Wandern oder bei Outdoor-Aktivitäten.
- **Aufmerksam sein:** Üben Sie Achtsamkeit beim Training, indem Sie auf Ihren Körper und die Empfindungen achten, die Sie bei

körperlicher Aktivität erleben. Konzentrieren Sie sich auf Ihre Atmung, Haltung und Bewegung und lassen Sie Ablenkungen und Sorgen los.

Ressourcen für weitere Erkundungen

- „The Exercise Cure" von Jordan Metzl erforscht die Wissenschaft hinter den psychischen Gesundheitsvorteilen von Bewegung und bietet praktische Strategien zur Integration körperlicher Aktivität in Ihr Leben.
- Lokale Fitnessstudios, Gemeindezentren oder Park- und Freizeitabteilungen: Entdecken Sie Möglichkeiten für Gruppenfitnesskurse, Sportligen oder Freizeitaktivitäten in Ihrer Nähe.
- **Therapie oder Beratung:** Ziehen Sie in Betracht, die Unterstützung eines Therapeuten oder Beraters in Anspruch zu nehmen, der Ihnen dabei helfen kann, Hindernisse beim Sport zu überwinden und einen individuellen Plan für die Integration körperlicher Aktivität in Ihre Routine für das geistige Wohlbefinden zu entwickeln.

Indem Sie körperliche Aktivität zu einem regelmäßigen Bestandteil Ihres täglichen Lebens machen, können Sie deren starke Vorteile für die geistige Gesundheit und das Wohlbefinden nutzen. Denken Sie daran, dass Sport nicht unbedingt anstrengend oder zeitaufwändig sein muss, um effektiv zu sein. Schon kleine Mengen an Aktivität können einen großen Unterschied in Ihrem körperlichen und geistigen Wohlbefinden bewirken.

Kapitel 11

Ich suche Hilfe: Therapie und Beratung

Die Suche nach professioneller Hilfe durch Therapie und Beratung ist ein mutiger und wichtiger Schritt zur Verbesserung der psychischen Gesundheit und des Wohlbefindens. In diesem Kapitel werden wir die verschiedenen Therapiearten untersuchen, Stigmatisierung überwinden und Hindernisse bei der Suche nach professioneller Hilfe ansprechen.

Die verschiedenen Therapiearten verstehen

Die Therapie, auch Beratung oder Psychotherapie genannt, umfasst eine breite Palette von Ansätzen und Techniken, die darauf abzielen, Einzelpersonen bei der Bewältigung emotionaler, psychologischer und verhaltensbedingter Herausforderungen zu unterstützen. **Hier sind einige gängige Therapiearten:**

1. **Kognitive Verhaltenstherapie (CBT):** CBT ist eine weit verbreitete und evidenzbasierte Therapie, die

sich auf die Identifizierung und Bekämpfung negativer Gedankenmuster und Verhaltensweisen konzentriert. Ziel ist es, Einzelpersonen dabei zu helfen, anpassungsfähigere Denkweisen und den Umgang mit schwierigen Emotionen und Situationen zu entwickeln.

2. **Psychodynamische Therapie:** Die psychodynamische Therapie erforscht unbewusste Gedanken und Emotionen, die oft in Kindheitserfahrungen und Beziehungen verwurzelt sind. Der Schwerpunkt liegt auf Selbstreflexion, Einsicht und Verständnis dafür, wie vergangene Erfahrungen das gegenwärtige Verhalten und die Beziehungen beeinflussen.

3. **Humanistische Therapie:** Die humanistische Therapie legt Wert auf Selbsterforschung, persönliches Wachstum und Selbstverwirklichung. Es ermutigt den Einzelnen, seine inneren Ressourcen, Stärken und Werte zu nutzen, um Lösungen für seine Probleme zu finden und ein erfüllteres Leben zu führen.

4. **Akzeptanz- und Bindungstherapie (ACT):** ACT konzentriert sich darauf, unangenehme Gedanken und Gefühle zu akzeptieren, anstatt zu versuchen, sie zu ändern oder zu kontrollieren. Es betont Achtsamkeit, Akzeptanz und die Verpflichtung, sinnvolle Maßnahmen im Einklang mit den eigenen Werten zu ergreifen.

5. **Dialektische Verhaltenstherapie (DBT):** DBT kombiniert Elemente der kognitiven Verhaltenstherapie mit auf Achtsamkeit basierenden Techniken, um Menschen dabei zu helfen, Emotionen zu regulieren, zwischenmenschliche Beziehungen zu verbessern und mit belastenden Situationen umzugehen. Es ist besonders wirksam bei Personen mit Borderline-Persönlichkeitsstörung und emotionaler Dysregulation.

6. **Familientherapie:** Bei der Familientherapie geht es darum, mit Paaren oder Familien zusammenzuarbeiten, um Beziehungsprobleme anzugehen, die Kommunikation zu verbessern und Konflikte zu lösen. Es erkennt die Vernetzung der Familiendynamik an und zielt darauf ab, das Verständnis

und die Zusammenarbeit zwischen Familienmitgliedern zu fördern.

Überwindung von Stigmatisierung und Hindernissen bei der Suche nach professioneller Hilfe

Trotz der nachgewiesenen Wirksamkeit der Therapie können Stigmatisierung und Missverständnisse im Zusammenhang mit der Behandlung psychischer Erkrankungen Menschen davon abhalten, Hilfe zu suchen. Hier sind einige Strategien zur Überwindung von Stigmatisierung und Hindernissen bei der Suche nach professioneller Hilfe:

1. **Bilde dich:** Erfahren Sie mehr über psychische Erkrankungen, Behandlungsmöglichkeiten und die Vorteile einer Therapie. Das Verständnis dafür, dass psychische Probleme weit verbreitet und behandelbar sind, kann dazu beitragen, Stigmatisierung zu reduzieren und die Bereitschaft zu erhöhen, Hilfe zu suchen.

2. **Fordern Sie negative Glaubenssätze heraus:** Hinterfragen Sie negative Überzeugungen und Einstellungen zu Therapie und psychischer Behandlung. Erkennen

Sie, dass die Suche nach Hilfe ein Zeichen von Stärke und Mut ist, nicht von Schwäche oder Versagen.

3. **Sprechen Sie offen über psychische Gesundheit:** Brechen Sie das Schweigen rund um die psychische Gesundheit, indem Sie offen und ehrlich über Ihre eigenen Erfahrungen sprechen oder andere unterstützen, die möglicherweise Probleme haben. Indem Sie Ihre Geschichte teilen, können Sie dazu beitragen, Stigmatisierung abzubauen und ein unterstützendes Umfeld für die Suche nach Hilfe zu schaffen.

4. **Suchen Sie Unterstützung bei vertrauenswürdigen Personen:** Bitten Sie Freunde, Familienmitglieder oder andere vertrauenswürdige Personen um Unterstützung und Ermutigung. Ein unterstützendes Netzwerk kann Sicherheit und Bestätigung bieten und dabei helfen, Ängste oder Zweifel im Hinblick auf die Suche nach Hilfe zu überwinden.

5. **Erwägen Sie Online-Therapieoptionen:** Wenn sich traditionelle Therapiesettings einschüchternd oder unzugänglich anfühlen, sollten Sie Online-

Therapieplattformen erkunden, die bequeme und flexible Möglichkeiten bieten, Unterstützung von lizenzierten Therapeuten oder Beratern zu erhalten.

6. **Beginnen Sie mit kleinen Schritten:** Erkunden Sie zunächst die Therapiemöglichkeiten und vereinbaren Sie ein Erstgespräch mit einem Therapeuten oder Berater. Kleine Schritte bei der Suche nach Hilfe können dabei helfen, Selbstvertrauen aufzubauen und Ängste vor dem Prozess abzubauen.

Praktische Tipps für die Suche nach einem Therapeuten oder Berater

- **Möglichkeiten der Forschungstherapie:** Nehmen Sie sich die Zeit, verschiedene Therapieansätze und Therapeuten oder Berater zu recherchieren, die sich auf Bereiche spezialisiert haben, die für Ihre Bedürfnisse und Vorlieben relevant sind.
- **Fragen Sie nach Empfehlungen:** Holen Sie Empfehlungen von vertrauenswürdigen Personen wie Freunden, Familienmitgliedern oder Gesundheitsdienstleistern ein, die

Erfahrung mit Therapie oder Beratung haben.

- **Befragen Sie potenzielle Therapeuten:** Vereinbaren Sie erste Konsultationen mit potenziellen Therapeuten oder Beratern, um Ihre Anliegen, Ziele und Behandlungsansatz zu besprechen. Vertrauen Sie Ihrem Instinkt und wählen Sie jemanden, bei dem Sie sich wohl und unterstützt fühlen.
- **Berücksichtigen Sie Erschwinglichkeit und Zugänglichkeit:** Entdecken Sie Therapieoptionen, die erschwinglich und für Sie zugänglich sind, sei es durch Versicherungsschutz, Staffelgebühren oder kommunale Ressourcen für psychische Gesundheit.

Ressourcen für weitere Erkundungen

- Psychology Today bietet ein durchsuchbares Verzeichnis von Therapeuten und Beratern sowie Artikel und Ressourcen zu psychischer Gesundheit und Therapie.
- Die National Alliance on Mental Illness (NAMI) bietet Informationen,

Unterstützung und Interessenvertretung für Einzelpersonen und Familien, die von psychischen Erkrankungen betroffen sind, einschließlich Ressourcen für die Suche nach einer psychischen Behandlung.

- **Online-Therapieplattformen:** Entdecken Sie Online-Therapieplattformen wie BetterHelp, Talkspace oder BetterUp, die bequeme und zugängliche Optionen für die Therapie oder Beratung durch lizenzierte Fachleute bieten.

Denken Sie daran, dass die Suche nach Hilfe ein mutiger und proaktiver Schritt zur Verbesserung Ihrer geistigen Gesundheit und Ihres Wohlbefindens ist. Unabhängig davon, ob Sie mit bestimmten Herausforderungen zu kämpfen haben oder persönliches Wachstum und Selbstfindung anstreben, können Therapie und Beratung wertvolle Unterstützung, Einsicht und Anleitung auf Ihrem Weg zur Heilung und Selbstermächtigung bieten.

Kapitel 12

Medikamente und psychische Gesundheit

Medikamente können ein wesentlicher Bestandteil der Behandlung vieler psychischer Erkrankungen sein, indem sie die Symptome lindern und die allgemeine Lebensqualität verbessern. In diesem Kapitel untersuchen wir die Rolle von Medikamenten bei der Behandlung psychischer Erkrankungen sowie die Risiken, Vorteile und Überlegungen zum Medikamentenmanagement.

Erforschung der Rolle von Medikamenten bei der Behandlung psychischer Erkrankungen

Medikamente spielen eine entscheidende Rolle bei der Behandlung verschiedener psychischer Erkrankungen, darunter Depressionen, Angststörungen, bipolare Störungen, Schizophrenie und andere. Während Therapie, Änderungen des Lebensstils und Unterstützung häufig integrale Bestandteile der Behandlung sind, können Medikamente dazu beitragen, chemische Ungleichgewichte im Gehirn zu beseitigen und Symptome zu lindern, die mit anderen Mitteln möglicherweise nur schwer zu bewältigen sind.

Hier sind einige wichtige Punkte, die Sie über die Rolle von Medikamenten bei der Behandlung psychischer Erkrankungen berücksichtigen sollten:

1. **Zielsymptome:** Medikamente werden oft verschrieben, um spezifische Symptome im Zusammenhang mit psychischen Erkrankungen zu bekämpfen, wie z. B. schlechte Laune, Angstzustände, Halluzinationen oder Stimmungsschwankungen. Zur Behandlung unterschiedlicher Symptome oder Aspekte einer Erkrankung können unterschiedliche Medikamente eingesetzt werden.

2. **Chemisches Ungleichgewicht:** Es wird angenommen, dass viele psychische Erkrankungen mit einem Ungleichgewicht der Neurotransmitter, den chemischen Botenstoffen des Gehirns, einhergehen. Medikamente wirken, indem sie den Spiegel oder die Aktivität dieser Neurotransmitter verändern, um das Gleichgewicht

wiederherzustellen und die Symptome zu lindern.

3. **Individuelle Behandlung:** Die Behandlung mit Medikamenten ist sehr individuell und die Art der verschriebenen Medikamente hängt von Faktoren wie der spezifischen Diagnose, der Schwere der Symptome, der Krankengeschichte und dem individuellen Ansprechen auf die Behandlung ab.

4. **Kombinationstherapie:** In manchen Fällen kann eine Kombination aus Medikamenten und Therapie der wirksamste Behandlungsansatz sein. Eine Therapie kann Menschen dabei helfen, Bewältigungsstrategien zu erlernen, zugrunde liegende Probleme anzugehen und Verhaltensänderungen vorzunehmen, während Medikamente die Symptome lindern und die Therapieergebnisse unterstützen können.

Risiken, Vorteile und Überlegungen zum Medikamentenmanagement

Während Medikamente bei der Behandlung psychischer Erkrankungen sehr wirksam sein können, ist es wichtig, Risiken und Nutzen abzuwägen und verschiedene Faktoren bei der Medikamenteneinnahme zu berücksichtigen. Hier sind einige Überlegungen, die Sie beachten sollten:

1. **Mögliche Nebenwirkungen:** Wie jedes Medikament können auch Psychopharmaka leichte bis schwere Nebenwirkungen haben. Häufige Nebenwirkungen können Schläfrigkeit, Gewichtszunahme, sexuelle Funktionsstörungen, Magen-Darm-Störungen oder Appetitveränderungen sein. Es ist wichtig, mögliche Nebenwirkungen mit Ihrem Arzt zu besprechen und etwaige Bedenken umgehend zu melden.

2. **Überwachung und Anpassung**: Das Medikamentenmanagement umfasst häufig eine kontinuierliche Überwachung und Anpassung, um eine optimale Wirksamkeit sicherzustellen und Nebenwirkungen zu minimieren. Ihr Arzt kann Ihre Symptome regelmäßig überprüfen, die Dosierung anpassen oder bei Bedarf die Medikamente wechseln.

3. **Compliance und Einhaltung:** Konsistenz und Einhaltung der Medikationspläne sind entscheidend

für das Erreichen positiver Ergebnisse. Es ist wichtig, die Medikamente wie verordnet einzunehmen, die Dosierungsanweisungen sorgfältig zu befolgen und offen mit Ihrem Arzt über etwaige Herausforderungen oder Bedenken zu sprechen.

4. **Rücktritt und Abbruch:** Einige Medikamente können Entzugserscheinungen hervorrufen oder erfordern ein schrittweises Ausschleichen, um sicher abzusetzen. Es ist wichtig, eng mit Ihrem Arzt zusammenzuarbeiten, um bei Bedarf einen Plan zum Absetzen der Medikation zu entwickeln und ein abruptes Absetzen ohne ärztliche Anleitung zu vermeiden.

5. **Stigmatisierung und Missverständnisse:** Es kann Stigmatisierung und Missverständnisse im Zusammenhang mit psychiatrischen Medikamenten geben, die manche Menschen davon abhalten können, sich behandeln zu lassen oder sich an vorgeschriebene Behandlungspläne zu halten. Es ist wichtig, Stigmatisierung zu bekämpfen, sich über die Vorteile und Risiken von

Medikamenten zu informieren und fundierte Entscheidungen auf der Grundlage Ihrer individuellen Bedürfnisse und Umstände zu treffen.

Praktische Tipps für das Medikamentenmanagement

- **Führen Sie ein Medikamententagebuch:** Führen Sie Aufzeichnungen über Ihre Medikamente, einschließlich Dosierung, Häufigkeit und etwaiger Nebenwirkungen oder Veränderungen der Symptome. Dies kann Ihnen helfen, Ihre Fortschritte zu verfolgen und effektiv mit Ihrem Arzt zu kommunizieren.
- **Richten Sie eine Routine ein:** Nehmen Sie Ihre Medikamente jeden Tag zur gleichen Zeit ein und integrieren Sie sie in Ihren Tagesablauf, um die Konsistenz und Einhaltung sicherzustellen.
- **Offen kommunizieren:** Halten Sie die Kommunikation mit Ihrem Arzt aufrecht und besprechen Sie alle Fragen, Bedenken oder Veränderungen der Symptome, die bei Ihnen auftreten. Ihr Arzt kann Sie

während Ihrer gesamten Behandlung begleiten und unterstützen.

- **Unterstützung suchen:** Verbinden Sie sich mit Selbsthilfegruppen, Online-Foren oder Peer-Support-Netzwerken für Menschen mit psychischen Erkrankungen und tauschen Sie Erfahrungen, Erkenntnisse und Strategien für das Medikamentenmanagement aus.

Ressourcen für weitere Erkundungen

- Das National Institute of Mental Health (NIMH) bietet Informationen und Ressourcen zu psychischen Erkrankungen, Behandlungsmöglichkeiten und Medikamentenmanagement.
- Mental Health America (MHA) bietet Lehrmaterialien, Interessenvertretung und Unterstützung für Menschen mit psychischen Erkrankungen, einschließlich Ressourcen zu Medikamenten und Behandlung.
- RxList bietet umfassende Informationen zu verschreibungspflichtigen Medikamenten, einschließlich Nebenwirkungen, Wechselwirkungen mit anderen

Medikamenten   und
Dosierungsrichtlinien.

Denken Sie daran, dass Medikamente nur ein Instrument im Werkzeugkasten zur Bewältigung psychischer Erkrankungen sind und Behandlungsentscheidungen in Zusammenarbeit mit Ihrem Arzt auf der Grundlage Ihrer individuellen Bedürfnisse und Vorlieben getroffen werden sollten. Indem Sie informiert bleiben, offen kommunizieren und sich aktiv an Ihrem Behandlungsplan beteiligen, können Sie den Nutzen von Medikamenten optimieren und Ihre allgemeine psychische Gesundheit und Ihr Wohlbefinden verbessern.

Kapitel 13

Balance in Beruf und Leben finden

In der heutigen schnelllebigen Welt kann es eine Herausforderung sein, die Balance zwischen Arbeit und Privatleben zu finden, ist aber für die Aufrechterhaltung des geistigen Wohlbefindens und der allgemeinen Zufriedenheit unerlässlich. In diesem Kapitel untersuchen wir Strategien zur Bewältigung von arbeitsbedingtem Stress und zum Erreichen einer gesunden Work-Life-Balance. Dabei betonen wir, wie wichtig es ist, Grenzen zu setzen und der Selbstfürsorge Priorität einzuräumen.

Strategien zur Bewältigung von arbeitsbedingtem Stress

1. **Priorisieren Sie Aufgaben**: Identifizieren Sie die wichtigsten Aufgaben und Fristen und konzentrieren Sie Ihre Energie darauf, diese zuerst zu erledigen. Teilen Sie größere Projekte in kleinere, überschaubare Aufgaben auf, um sich nicht überfordert zu fühlen.

2. **Delegieren Sie, wenn möglich:**
   Lernen Sie, Aufgaben bei Bedarf an
   Kollegen oder Teammitglieder zu
   delegieren. Delegieren trägt nicht nur
   zur Arbeitserleichterung bei, sondern
   fördert auch die Zusammenarbeit und
   Teamarbeit.

3. **Zeitmanagement üben:** Verwenden
   Sie Tools wie Kalender, Planer oder
   Aufgabenverwaltungs-Apps, um
   Ihren Zeitplan zu organisieren und
   Ihre Zeit effektiv zu priorisieren.
   Nehmen Sie sich Zeit für Arbeit,
   Pausen und Freizeitaktivitäten, um
   ein gesundes Gleichgewicht zu
   bewahren.

4. **Setzen Sie realistische
   Erwartungen:** Seien Sie realistisch,
   was Sie innerhalb eines bestimmten
   Zeitrahmens erreichen können, und
   kommunizieren Sie offen mit Ihrem
   Vorgesetzten oder Kollegen über
   Arbeitsbelastung und Fristen. Das
   Setzen realistischer Erwartungen
   kann dazu beitragen, Stress
   abzubauen und Burnout
   vorzubeugen.

5. **Machen Sie regelmäßig Pausen:**
   Bauen Sie kurze Pausen in Ihren
   Arbeitstag ein, um sich auszuruhen
   und neue Energie zu tanken. Nutzen

Sie die Pausen, um sich zu dehnen, spazieren zu gehen oder sich an Aktivitäten zu beteiligen, die Ihnen helfen, den Kopf frei zu bekommen und Stress abzubauen.

6. **Achtsamkeit üben:** Integrieren Sie Achtsamkeitsübungen in Ihren Alltag, um Stress zu bewältigen und ein Gefühl der Ruhe und Entspannung zu fördern. Achtsamkeitstechniken wie tiefes Atmen, Meditation oder achtsames Essen können Ihnen helfen, trotz der Anforderungen der Arbeit präsent und konzentriert zu bleiben.

Work-Life-Balance erreichen

1. **Grenzen setzen**: Legen Sie klare Grenzen zwischen Arbeit und Privatleben fest, um zu verhindern, dass die Arbeit Ihre Freizeit beeinträchtigt. Legen Sie bestimmte Arbeitszeiten fest und legen Sie Zeit für Entspannung, Hobbys und Zeit mit Ihren Lieben fest.

2. **Trennen Sie sich von der Technik:** Beschränken Sie die Nutzung elektronischer Geräte wie Smartphones und Laptops außerhalb der Arbeitszeit. Schaffen Sie

technikfreie Zonen oder legen Sie Grenzen für das Abrufen geschäftlicher E-Mails und Nachrichten fest, um eine ständige Konnektivität zu verhindern und die Work-Life-Balance zu fördern.

3. **Nehmen Sie sich Zeit für Selbstfürsorge:** Priorisieren Sie Selbstpflegeaktivitäten, die Ihren Körper, Geist und Ihre Seele nähren. Nehmen Sie sich Zeit für Bewegung, Hobbys, Entspannung und geselliges Beisammensein, um außerhalb der Arbeit neue Energie zu tanken und zu regenerieren.

4. **Üben Sie Durchsetzungsvermögen:** Lernen Sie, Ihre Bedürfnisse und Grenzen selbstbewusst gegenüber Kollegen, Vorgesetzten und Familienmitgliedern zu kommunizieren. Seien Sie bereit, Nein zu zusätzlicher Arbeit oder Verpflichtungen zu sagen, die Ihre Work-Life-Balance beeinträchtigen.

5. **Soziale Kontakte fördern:** Investieren Sie Zeit und Energie in den Aufbau und die Pflege sinnvoller Beziehungen zu Freunden, Familienmitgliedern und Kollegen. Soziale Kontakte bieten Unterstützung, Kameradschaft und

ein Zugehörigkeitsgefühl außerhalb der Arbeit.

6. **Leidenschaften und Interessen verfolgen:** Nehmen Sie sich Zeit für Aktivitäten und Hobbys, die Ihnen Freude und Erfüllung bringen. Egal, ob Sie malen, im Garten arbeiten, Musik machen oder sich ehrenamtlich engagieren: Die Beschäftigung mit Aktivitäten, die Sie außerhalb der Arbeit lieben, kann Ihr allgemeines Wohlbefinden und Ihre Zufriedenheit steigern.

Praktische Tipps zum Finden des Gleichgewichts

- **Planen Sie regelmäßige „Zeit für mich" ein:** Nehmen Sie sich jede Woche Zeit für Selbstpflegeaktivitäten, die Sie regenerieren und mit Energie versorgen, wie zum Beispiel ein langes Bad, ein Buch lesen oder Yoga praktizieren.

- **Offen kommunizieren:** Sprechen Sie mit Ihrem Vorgesetzten oder Manager über Ihr Bedürfnis nach Work-Life-Balance und erkunden Sie flexible Arbeitsregelungen oder

Freizeitmöglichkeiten, die Ihren Bedürfnissen entsprechen.

- **Unterstützung suchen:** Zögern Sie nicht, Unterstützung von Kollegen, Freunden oder einem Therapeuten zu suchen, wenn Sie Schwierigkeiten haben, ein Gleichgewicht zu finden oder arbeitsbedingten Stress zu bewältigen. Manchmal kann ein Gespräch mit jemandem wertvolle Perspektiven und Unterstützung bieten.

Ressourcen für weitere Erkundungen

- Die National Alliance on Mental Illness (NAMI) stellt Ressourcen und Unterstützung für Personen bereit, die unter arbeitsbedingtem Stress leiden oder Probleme mit der Vereinbarkeit von Beruf und Privatleben haben.
- Der Mindful Workplace bietet Ressourcen und Programme zur Integration von Achtsamkeits- und Stressreduzierungstechniken in den Arbeitsplatz, um Wohlbefinden und Produktivität zu fördern.
- **Zeitmanagement-Apps:** Entdecken Sie Apps wie Todoist, Trello oder Forest, die Ihnen dabei helfen können, Ihre Aufgaben zu

organisieren, Ihre Zeit zu priorisieren und eine gesunde Work-Life-Balance aufrechtzuerhalten.

Denken Sie daran, dass das Finden der Balance zwischen Beruf und Privatleben ein fortlaufender Prozess ist, der Selbstbewusstsein, Zielstrebigkeit und Anpassungsfähigkeit erfordert. Indem Sie der Selbstfürsorge Priorität einräumen, Grenzen setzen und soziale Kontakte fördern, können Sie eine gesündere und erfüllendere Balance zwischen Ihrem Berufs- und Privatleben schaffen.

Kapitel 14

Achtsamkeit im täglichen Leben

In unserer schnelllebigen Welt kann die Kultivierung von Achtsamkeit im täglichen Leben unseren Erfahrungen ein Gefühl von Ruhe, Klarheit und Präsenz verleihen. In diesem Kapitel erkunden wir Möglichkeiten, Achtsamkeit in alltägliche Aktivitäten zu integrieren, Dankbarkeit zu üben und im gegenwärtigen Moment zu leben.

Achtsamkeit in alltägliche Aktivitäten integrieren

1. **Achtsames Atmen:** Nehmen Sie sich den ganzen Tag über Momente Zeit, um sich auf Ihren Atem zu konzentrieren. Nehmen Sie das Gefühl wahr, wie Luft in Ihre Nasenlöcher eindringt und wieder austritt oder wie sich Ihr Brustkorb hebt und senkt. Achtsames Atmen kann Ihnen helfen, sich im gegenwärtigen Moment zu verankern und Ihren Geist in hektischen Zeiten zu beruhigen.
2. **Achtsames Essen:** Machen Sie es langsamer und genießen Sie jeden

Bissen Ihrer Mahlzeiten. Achten Sie beim Essen auf die Aromen, Texturen und Empfindungen der Lebensmittel. Nehmen Sie die Farben, Gerüche und Geräusche um Sie herum wahr. Achtsames Essen kann die Freude am Essen steigern und eine gesunde Verdauung fördern.

3. **Achtsames Gehen:** Machen Sie eine Pause vom Schreibtisch oder dem Alltag und machen Sie einen achtsamen Spaziergang. Nehmen Sie das Gefühl wahr, wie Ihre Füße den Boden berühren, den Rhythmus Ihrer Schritte und die Anblicke und Geräusche Ihrer Umgebung. Achtsames Gehen kann helfen, den Kopf frei zu bekommen und den Körper zu regenerieren.

4. **Achtsames Zuhören:** Üben Sie aktives Zuhören bei Gesprächen mit anderen. Konzentrieren Sie Ihre Aufmerksamkeit vollständig auf den Sprecher, ohne Ihre Antwort zu unterbrechen oder in Gedanken zu formulieren. Hören Sie neugierig und einfühlsam zu und nehmen Sie die Nuancen des Tons, der Körpersprache und der Emotionen wahr, die durch ihre Worte vermittelt werden.

5. **Achtsame Arbeit:** Bringen Sie Achtsamkeit in Ihre Arbeitsaufgaben, indem Sie sich jeweils auf eine Aufgabe konzentrieren und ihr Ihre volle Aufmerksamkeit schenken. Minimieren Sie Ablenkungen und widerstehen Sie dem Drang zum Multitasking. Gehen Sie jede Aufgabe mit dem Verstand eines Anfängers an und achten Sie dabei auf die Details und Nuancen, die Sie zuvor möglicherweise übersehen haben.

Dankbarkeit üben und im gegenwärtigen Moment leben

1. **Dankbarkeitstagebuch:** Nehmen Sie sich jeden Tag ein paar Minuten Zeit, um drei Dinge aufzuschreiben, für die Sie dankbar sind. Konzentrieren Sie sich auf bestimmte Momente, Erfahrungen oder Menschen, die Ihrem Leben Freude, Trost oder Sinn verliehen haben. Dankbarkeit zu kultivieren kann Ihre Perspektive hin zu Positivität und Fülle verändern.

2. **Achtsames Selbstmitgefühl:** Behandeln Sie sich selbst mit Freundlichkeit und Mitgefühl,

besonders in herausfordernden Zeiten. Nehmen Sie selbstkritische Gedanken oder Urteile wahr und lenken Sie sie sanft durch selbstmitfühlende Aussagen um. Üben Sie Selbstpflegeaktivitäten, die Ihren Körper, Geist und Ihre Seele nähren.

3. **Vergänglichkeit annehmen:** Erkennen Sie die Vergänglichkeit des Lebens und schätzen Sie jeden Moment, der sich entfaltet. Lassen Sie Bindungen an Ergebnisse oder Erwartungen los und akzeptieren Sie die Dinge so, wie sie sind. Das Umarmen der Vergänglichkeit kann ein Gefühl von Freiheit und Leichtigkeit im gegenwärtigen Moment fördern.

4. **Achtsamer Technologieeinsatz:** Setzen Sie Grenzen für Ihren Einsatz von Technologie und üben Sie Achtsamkeit beim Umgang mit Bildschirmen. Beachten Sie, wie sich Technologie auf Ihre Stimmung, Ihr Energieniveau und Ihre Beziehungen auswirkt, und treffen Sie bewusste Entscheidungen darüber, wann und wie Sie sie achtsam nutzen.

5. **Achtsame Ruhe:** Priorisieren Sie Ruhe und Entspannung als

wesentliche Bestandteile Ihres Tagesablaufs. Nehmen Sie sich jeden Tag Zeit für Aktivitäten, die Ihren Körper und Geist aufladen, wie Meditation, Yoga, Lesen oder Zeit in der Natur verbringen. Gönnen Sie sich völlige Ruhe und Erholung ohne Schuldgefühle oder Urteilsvermögen.

Praktische Tipps zur Kultivierung von Achtsamkeit

- **Fangen Sie klein an:** Beginnen Sie mit kurzen, einfachen Achtsamkeitsübungen, die Sie leicht in Ihren Alltag integrieren können, wie zum Beispiel achtsames Atmen oder Essen.
- **Sei geduldig:** Achtsamkeit zu kultivieren ist ein schrittweiser Prozess, der Zeit und Übung erfordert. Seien Sie geduldig mit sich selbst und gehen Sie jeden Moment mit Offenheit und Neugier an.
- **Übe Selbstmitgefühl:** Behandeln Sie sich selbst mit Freundlichkeit und Verständnis, insbesondere wenn Sie Schwierigkeiten haben, präsent zu bleiben oder Achtsamkeit zu bewahren. Denken Sie daran, dass es bei Achtsamkeit darum geht, bei

allem, was auftaucht, präsent zu sein, ohne zu urteilen oder zu kritisieren.

- **Unterstützung suchen:** Nehmen Sie Kontakt zu Achtsamkeitsgemeinschaften, -klassen oder -lehrern auf, die Ihnen auf Ihrer Achtsamkeitsreise Anleitung, Ermutigung und Unterstützung bieten können.

Ressourcen für weitere Erkundungen

- **Insight-Timer**: Bietet eine große Auswahl an geführten Meditationen, Achtsamkeitsübungen und Kursen unter der Leitung erfahrener Lehrer.
- „The Power of Now" von Eckhart Tolle erforscht das Konzept des Lebens im gegenwärtigen Moment und bietet praktische Anleitungen zur Kultivierung von Achtsamkeit im täglichen Leben.
- Mindful.org bietet Artikel, geführte Meditationen und Ressourcen zur Integration von Achtsamkeit in alltägliche Aktivitäten und zur Förderung einer achtsameren Lebensweise.

Indem Sie Achtsamkeit in Ihr tägliches Leben integrieren und Dankbarkeit und

Präsenz üben, können Sie ein tieferes Gefühl von Frieden, Erfüllung und Wohlbefinden entwickeln. Denken Sie daran, dass es bei Achtsamkeit nicht darum geht, einen bestimmten Geisteszustand zu erreichen, sondern darum, in jedem Moment, der entsteht, völlig präsent zu sein und sich auf ihn einzulassen.

Kapitel 15

Aufrechterhaltung des geistigen Wohlbefindens

Die Aufrechterhaltung der psychischen Gesundheit und des Wohlbefindens ist eine fortlaufende Aufgabe, die ständige Anstrengung und Aufmerksamkeit erfordert. In diesem letzten Kapitel untersuchen wir langfristige Strategien zur Aufrechterhaltung des psychischen Wohlbefindens und erstellen einen personalisierten Selbstpflegeplan für anhaltendes Wohlbefinden.

Langfristige Strategien zur Aufrechterhaltung der psychischen Gesundheit und des Wohlbefindens

1. **Priorisieren Sie die Selbstfürsorge:** Machen Sie Selbstfürsorge zu einem nicht verhandelbaren Teil Ihrer täglichen Routine. Nehmen Sie sich jeden Tag Zeit für Aktivitäten, die Ihren Körper, Geist und Ihre Seele nähren, wie zum Beispiel Bewegung, Entspannung, Hobbys und Geselligkeit.

2. **Resilienz kultivieren:** Bauen Sie Resilienz auf, indem Sie

Bewältigungsstrategien entwickeln, soziale Kontakte fördern und Selbstmitgefühl üben. Nehmen Sie Herausforderungen als Chance für Wachstum und Lernen an und entwickeln Sie eine positive Einstellung, die Ihnen hilft, sich von Rückschlägen zu erholen.

3. **In Verbindung bleiben:** Pflegen Sie unterstützende Beziehungen zu Freunden, Familienmitgliedern und Gemeindemitgliedern. Bleiben Sie durch regelmäßige Kommunikation, gemeinsame Aktivitäten und freundliche Taten mit anderen in Verbindung. Soziale Unterstützung ist ein wichtiger Puffer gegen Stress und Widrigkeiten.

4. **Stress effektiv bewältigen:** Entwickeln Sie gesunde Bewältigungsstrategien zur Stressbewältigung und zur Vorbeugung von Burnout. Üben Sie Entspannungstechniken wie tiefes Atmen, Meditation oder progressive Muskelentspannung und priorisieren Sie Aktivitäten, die Ihnen helfen, abzuschalten und neue Energie zu tanken.

5. **Setzen Sie sich realistische Ziele:** Setzen Sie sich erreichbare Ziele, die

Ihren Werten, Interessen und Prioritäten entsprechen. Teilen Sie größere Ziele in kleinere, überschaubare Schritte auf und feiern Sie Ihre Fortschritte auf dem Weg dorthin. Das Setzen und Erreichen von Zielen kann das Selbstwertgefühl stärken und das allgemeine Wohlbefinden steigern.

6. **Behalten Sie einen gesunden Lebensstil bei:** Priorisieren Sie Ernährung, Bewegung, Schlaf und andere Lebensstilfaktoren, die zur allgemeinen Gesundheit und zum Wohlbefinden beitragen. Ernähren Sie sich ausgewogen, treiben Sie regelmäßig Sport, achten Sie auf Schlafhygiene und vermeiden Sie schädliche Substanzen wie Drogen und Alkohol.

Erstellen eines personalisierten Selbstpflegeplans für anhaltendes Wohlbefinden

1. **Bewerten Sie Ihre Bedürfnisse**: Machen Sie eine Bestandsaufnahme Ihrer körperlichen, emotionalen und sozialen Bedürfnisse sowie aller Herausforderungen oder Stressfaktoren, mit denen Sie

möglicherweise konfrontiert sind. Identifizieren Sie Bereiche, in denen Sie zusätzliche Unterstützung oder Ressourcen zur Verbesserung Ihres Wohlbefindens benötigen könnten.

2. **Identifizieren Sie Aktivitäten zur Selbstfürsorge:** Überlegen Sie sich eine Liste mit Aktivitäten zur Selbstfürsorge, die Sie ansprechen und auf Ihre Bedürfnisse und Vorlieben eingehen. Ziehen Sie Aktivitäten in Betracht, die Ihren Körper (z. B. Bewegung, gesunde Ernährung), Ihren Geist (z. B. Meditation, Tagebuch führen) und Ihren Geist (z. B. Zeit in der Natur verbringen, Dankbarkeit üben) nähren.

3. **Planen Sie Selbstpflegezeit ein:** Planen Sie in Ihrem Zeitplan bestimmte Zeit für Selbstpflegeaktivitäten ein, genau wie Sie es für die Arbeit oder andere Verpflichtungen tun würden. Behandeln Sie die Selbstfürsorge als Priorität und nicht als nachträglichen Gedanken und würdigen Sie Ihre Zeit für die Selbstfürsorge als heilig und nicht verhandelbar.

4. **Seien Sie flexibel und anpassungsfähig:** Seien Sie bereit,

Ihren Selbstfürsorgeplan je nach Bedarf an veränderte Umstände oder Prioritäten anzupassen. Gehen Sie sanft mit sich selbst um und sorgen Sie für Flexibilität und Anpassungsfähigkeit in Ihrer Selbstpflegeroutine.

5. **Übe Selbstmitgefühl:** Gehen Sie die Selbstfürsorge mit einer Haltung der Freundlichkeit, Akzeptanz und Nichturteilung an. Seien Sie mitfühlend mit sich selbst, insbesondere in Zeiten von Stress oder Schwierigkeiten, und priorisieren Sie die Selbstfürsorge als einen Akt der Selbstliebe und Selbsterhaltung.

6. **Unterstützung suchen:** Zögern Sie nicht, Freunde, Familienmitglieder oder psychiatrische Fachkräfte um Unterstützung zu bitten, wenn Sie Schwierigkeiten haben, Ihr geistiges Wohlbefinden aufrechtzuerhalten oder Ihren Selbstfürsorgeplan einzuhalten. Denken Sie daran, dass es in Ordnung ist, um Hilfe zu bitten, und dass Ihnen Unterstützung zur Verfügung steht.

Praktische Tipps zur Aufrechterhaltung des geistigen Wohlbefindens

- **Führen Sie ein Selbstpflegetagebuch:** Verwenden Sie ein Tagebuch, um Ihre Aktivitäten, Gedanken und Gefühle zur Selbstfürsorge aufzuzeichnen und darüber nachzudenken, was Ihnen Freude, Erfüllung und Frieden bringt.
- **Schaffen Sie ein unterstützendes Umfeld:** Umgeben Sie sich mit Menschen, Orten und Dingen, die Sie erheben und inspirieren. Minimieren Sie die Belastung durch Negativität und Stressfaktoren, die Ihnen Energie rauben und Ihr Wohlbefinden beeinträchtigen.
- **Feiern Sie den Fortschritt:** Erkennen und feiern Sie Ihre Erfolge, egal wie klein sie sind. Das Feiern von Fortschritten stärkt positive Verhaltensweisen und motiviert Sie, Ihrem geistigen Wohlbefinden weiterhin Priorität einzuräumen.

Ressourcen für weitere Erkundungen

- Die fünf Dimensionen des Wohlbefindens von Tom Rath: Erkundet die miteinander verbundenen Dimensionen des körperlichen, emotionalen, sozialen, finanziellen und gemeinschaftlichen

Wohlbefindens und bietet praktische Strategien zur Verbesserung des allgemeinen Wohlbefindens.

- Der Wellness Recovery Action Plan (WRAP) bietet einen strukturierten Rahmen für die Entwicklung personalisierter Wellnesspläne und -strategien zur Bewältigung psychischer Gesundheitsprobleme und zur Aufrechterhaltung des Wohlbefindens.
- Lokale Ressourcen für psychische Gesundheit: Entdecken Sie lokale Selbsthilfegruppen, Beratungsdienste, Wellnesszentren oder Gemeinschaftsorganisationen, die Ressourcen und Unterstützung für die Aufrechterhaltung des psychischen Wohlbefindens anbieten.

Denken Sie daran, dass die Aufrechterhaltung des geistigen Wohlbefindens eine fortlaufende Reise ist, die Engagement, Selbstbewusstsein und bewusstes Handeln erfordert. Indem Sie der Selbstfürsorge Priorität einräumen, die Widerstandsfähigkeit fördern und bei Bedarf Unterstützung suchen, können Sie ein Leben voller Ausgeglichenheit, Erfüllung und Wohlbefinden pflegen.

www.ingramcontent.com/pod-product-compliance
Lightning Source LLC
Chambersburg PA
CBHW071041250726
48653CB00005B/1937